I.

L'EXILÉE

D'HOLY-ROOD.

IMPRIMERIE DE LACHEVARDIERE,
RUE DU COLOMBIER, n° 30.

L'EXILÉE
D'HOLY-ROOD.

vicomte de La Ferrière (handwritten)

> De rivage en rivage
> Que sert de le bannir !!!!
> DE BÉRANGER.

PARIS,
L. MAME-DELAUNAY, LIBRAIRE,
RUE GUÉNÉGAUD, N° 25.
1831.

L'EXILÉE
D'HOLY-ROOD.

L'EXILÉE D'HOLY-ROOD.

> De rivage en rivage
> Que sert de le bannir !!!!
> DE BÉRANGER.

CHAPITRE PREMIER.

Les deux bâtimens américains qui, le 16 août 1830, devaient transporter en Angleterre le roi Charles X et sa famille, obéissant au signal convenu, déployaient déjà leurs voiles, qui, dociles à la manœuvre, se courbaient sous le vent prêt à les emporter loin de la France; déjà le rivage fuyait avec rapidité, un cri déchirant était parti d'un des navires des augustes exilés. Ce cri avait retenti douloureusement dans le cœur des gardes-du-corps, rangés en bataille sur la plage.

Ces braves, dont quelques uns avaient pris part aux glorieuses campagnes de Napoléon, et qui avaient peut-être assisté aux fameux adieux de l'aigle à Fontainebleau, voyaient pour la quatrième fois dans l'espace de quinze ans le souverain précipité du trône!

L'expression d'une douleur profonde tempérait la fierté de leurs regards ; ils se demandaient ce que deviendrait cette patrie battue depuis un demi-siècle par des tempêtes, qui ne s'apaisaient, à de certains intervalles, que pour gronder avec une nouvelle violence. Mais c'était en vain qu'ils interrogeaient l'avenir ; le voile dont il est enveloppé semblait s'obscurcir encore pour eux. Cependant, ce cri perçant, cette voix de femme, résonnait toujours à leurs oreilles. Était-ce un appel à leur fidélité, ou l'accent d'un désespoir trop long-temps contenu? Hélas! il ne leur était pas permis d'y répondre ; l'idée de la guerre civile était repoussée par eux avec horreur, et le roi qu'ils avaient servi avec tant de zèle avait lui-même déclaré qu'il ne désertait le trône que pour l'éviter.

Ils attendaient donc en silence que leurs chefs leur donnassent l'ordre du départ. Parmi ces chefs qui hésitaient à prendre la responsabilité du commandement, était un officier, jeune encore, s'estimant plus noble de ses années de service que de la date de son blason, et qui cherchait vainement à comprimer dans son sein les émotions tumultueuses dont il était agité.

Si, dans ce moment, l'attention eût pu se détourner de ces vaisseaux qui emportaient ce que nos pères auraient appelé *la fortune de la France*, on aurait remarqué l'altération de ses traits, le feu morne de son regard, et les larmes qui roulaient une à une sur ses joues, sans doute à son insu. Quand il crut reconnaître la voix de Madame, qui semblait reprocher aux gardes de l'abandonner, elle et son fils, ne pouvant plus maîtriser la violence de ses sentimens, il s'élance des rangs, presse les flancs de son coursier, et franchit en quelques secondes l'espace qui le séparait de la grève; puis, semblable au roi Richard III d'An-

1.

gleterre, il s'écrie : *mon cheval pour une barque!* et le sien valait deux cents louis.

Il est entendu de plusieurs pêcheurs qui accourent; le marché est bientôt conclu, le léger esquif fend rapidement les flots; mais il n'avance point assez vite au gré de l'officier, qui, dans son impatience, saisit une rame, et encourage les matelots de la voix et du geste.

Hâtons-nous, leur dit-il; ma vie, mon bonheur, tout est sur ces vaisseaux; il faut que je les atteigne, il le faut à tout prix! courez, amis, il y va pour moi de l'honneur!

— Il s'agit donc de rejoindre une maîtresse, dit l'un.

— Non, répond un autre, c'est tout bonnement un *noble* qui veut rejoindre le roi.

L'officier redouble d'efforts et de prières, il promet aux matelots une nouvelle récompense, s'ils parviennent au navire, objet de tous ses vœux. Enfin, il l'a rejoint. Ceux qu'il contenait suivaient depuis long-temps de l'œil la frêle embarcation qui se dirigeait vers eux; chacun se demandait le motif de ce mouvement inattendu; Madame fut la première à le remarquer.

— Sire, dit-elle au roi, c'est un de vos gardes.

— Un de mes gardes! répondit Charles X; le malheureux ignore-t-il donc ce qu'il en coûte pour se séparer de la patrie?

— Il croit peut-être la trouver près de vous.

— Ah! dites plutôt qu'il vient chercher l'exil et l'infortune.

— Ma mère, demanda Henri de Béarn en voyant couler les pleurs de Madame, est-ce que tous ceux qui nous sont restés fidèles ne sont pas partis avec nous?

— Dieu nous préserve d'une telle pensée, mon fils! d'autres Français encore... Mais la barque approche... Juste ciel! les flots semblent prêts à l'engloutir...; les infortunés... sous nos yeux, et pour nous!... Elle se relève, la brise la pousse.

— Ah! Sire, c'est M. de...

Madame ne se trompait pas, c'était moi...; moi qui avais voulu garder l'incognito au commencement de ce récit, et qui ne puis résister à l'orgueil de dire que la princesse m'avait deviné!

— Tant mieux que ce soit lui, dit le royal

enfant, il nous donnera des nouvelles de France.

— Mais vous ne faites que de la quitter, monseigneur, dit le baron de Damas.

— Ah! il me semble qu'il y a déjà si long-temps!

Il y eut un moment d'hésitation parmi les assistans pour savoir si je serais admis; mais un regard de Madame, un regard, expression de sa bonté généreuse, fut un ordre, et il me fut enfin permis de me dévouer à tant de grandeur et d'infortune. Je saisis la corde qu'on me jeta, avec une sorte d'ivresse, et je fus presque au même instant aux pieds de la famille royale! Mes yeux levés vers le ciel le remercièrent de cette grâce insigne.

— Quel motif vous amène ici, monsieur? me dit madame la Dauphine.

— Ah! madame, répondis-je, c'est le besoin de revoir ceux dont la France a reçu tant de bienfaits, de leur en témoigner toute ma gratitude!

Madame la Dauphine me remercia par un regard bienveillant; le roi et son fils m'adressèrent des paroles qui me récompensèrent de ce qu'ils voulurent bien appeler mon dévouement. Madame se taisait, je préférais son silence à ce qu'elle aurait pu me dire de plus flatteur.

— Nous regrette-t-on déjà? me demanda M. le duc de Bordeaux en s'approchant.

— Ceux au moins qui pensent comme moi, monseigneur.

— Eh bien! il faut que ceux-là engagent les autres à penser comme eux.

Le comte de Larochejaquelein, ce modèle des braves, voulut bien m'adresser le plus flatteur des complimens, car il me dit: Mon ami, nous vous attendions.

Hélas! à quoi avait-il tenu que je fusse privé de donner cette marque de fidélité!... Si la voix de Madame n'était pas parvenue jusqu'à moi..., grand Dieu! je serais demeuré en France, j'aurais peut-être... Non..., non...; il était impossible qu'un peu plus tôt ou un peu plus tard je ne fisse pas ce que je venais de faire. Il est des cœurs qui ne changent point en un jour, le mien appartient à cette famille; qu'on ne s'en étonne ni ne s'en offense, je lui dois tant!

On me fit de nombreuses questions, comme si pendant un quart d'heure que j'étais resté à Cherbourg après le départ, j'avais pu apprendre ce qui se passait à Paris et dans le reste du royaume. Que m'importait d'ailleurs dans ce premier moment ce qui se faisait loin de moi, j'étais maintenant où je voulais être!

La duchesse de Gontaut me prit à part.

— Insensé, me dit-elle, quoi, vous vous exilez sans qu'on vous y force!

— Je vous imite, madame.

— Mon devoir m'imposait ce sacrifice.

— Et moi, mon cœur me l'a dicté.

— Le cœur peut seul inspirer de telles résolutions, me dit la duchesse avec un accent qui me pénétra ; mais veillez sur le vôtre.

Je rougis comme si j'avais eu à me reprocher quelque indiscrétion.

Cependant le vent ne nous favorisait pas, nous restions en vue de la côte, et quelques uns des passagers s'inquiétaient de ce contretemps; ils croyaient toujours voir des voiles ennemies sortir du port qu'ils venaient de quitter pour venir s'emparer de l'auguste famille séparée de ses fidèles gardes. Que ne craint-on pas quand on veille sur des intérêts si chers!

Je m'efforçais de chasser toute idée importune en examinant le costume et les physionomies des princes et des princesses. Le roi portait un habit bourgeois, une redingote fauve et un chapeau rond : son visage était calme; il paraissait regretter ses anciens amis, et se demander sur quel sol il irait reposer sa vieillesse fatiguée de tant d'exils.

Monseigneur le Dauphin, vêtu comme son père, avait un ruban rouge à la boutonnière. Il conservait cette fermeté impassible qui ne l'avait point abandonné pendant tout le voyage. Il suivait les mouvemens de la manœuvre, et questionnait les matelots. Hélas! lui qui la veille encore était le grand-amiral de France! Il n'avait plus sous ses ordres que ce navire qui l'éloignait du royaume de son père. J'admirais son regard tranquille, qui exprimait le calme apparent de son âme, tandis qu'en réalité elle devait être violemment agitée.

Monseigneur le duc de Bordeaux portait un pantalon de bazin blanc et une veste bleu clair, sur laquelle était rabattu le col de sa chemise; un chapeau gris couvrait sa tête touchante, où une ressemblance impossible à méconnaître quand il fronce le sourcil réveille de si lugubres souvenirs à ceux qui, comme moi, ont assisté aux derniers momens de son malheureux père.

Madame la Dauphine avait une robe couleur feuille morte, un chapeau de satin blanc et un petit schall cramoisi croisé sur sa poitrine. Souvent elle baissait son noble front pour cacher ses larmes, et sans doute aussi pour se recueillir et offrir à Dieu les douleurs de toute sa vie. Elle semblait cependant respirer plus librement...: ses yeux n'étaient plus blessés par cette cocarde tricolore qui, à tant d'époques, avait été pour elle le signal de nouveaux malheurs; car, malgré cette énergie qui ne se laissait jamais abattre par les revers, elle n'avait pu, pendant le voyage de Rambouillet à Cherbourg, contempler de sang-froid ces couleurs trois fois fatales à sa famille.

La douleur de madame la duchesse de Berri, sans être plus profonde, avait un caractère plus déchirant encore. Des pleurs abondans s'échappaient de ses yeux sans qu'elle cherchât à les retenir ; et pourquoi aurait-elle dissimulé ce désespoir si légitime ? C'était une mère qui pleurait sur son fils ; elle voyait tout-à-coup disparaître le brillant avenir qui lui était réservé. Son cœur était brisé en pensant que sa postérité serait peut-être exclue à jamais du trône de Henri-le-Grand ; qu'elle n'entendrait jamais le nom de Henri de Béarn proclamé avec gloire et amour par les Français. L'exil et l'oubli, voilà ce que lui promettait l'avenir : était-ce là que devaient s'évanouir de si beaux rêves ?

Bonne, bienfaisante, nul jusqu'à ce jour n'avait prononcé son nom que pour le bénir. Étrangère à tous les partis, il lui semblait que quiconque aimerait et servirait son fils serait dès ce moment royaliste. Elle protégeait les arts et les artistes, s'entourait des chefs-d'œuvre, et payait honorablement les productions plus faibles, prouvant par là qu'en faisant éclater le goût du beau, elle n'avait pas moins le désir d'encourager et de secourir les efforts des talens moins heureux.

C'était la meilleure, la plus gracieuse des maîtresses, joignant aux qualités les plus aimables les plus touchantes vertus; elle se faisait adorer dans son intérieur. Que lui manquait-il ? Rien, sans doute, si elle eût été mieux connue, et si ceux qui ont contribué à la perdre ne l'eussent environnée trop souvent de leurs opinions et de leurs préjugés.

Je la contemplais, assise sur le tillac, avec sa robe blanche, sa capote de paille d'Italie, son maintien noble et touchant. Les caresses de ses enfans semblaient seules adoucir les souffrances de son âme : heureuse encore de ne point en être séparée, surtout de son fils, car on lui avait fait craindre un moment de le voir arracher de ses bras. D'autres nouvelles non moins fausses s'étaient également propagées pendant notre route : tantôt la France se levait en masse pour demander son jeune roi, tantôt, au contraire, le gouvernement voulait retenir en otage l'enfant du miracle, et mille autres bruits qui ne devaient pas se réaliser encore.

Ah ! il aurait fallu voir dans de pareils instans les angoisses de Madame pour comprendre ce que le cœur d'une mère renferme de faiblesse et de courage, d'amour et de force. J'en fus témoin, et je n'en perdrai jamais le souvenir. Madame doit aussi se rappeler que lorsqu'on lui donna à craindre pour la sûreté de son fils, je m'engageai sur l'honneur à prendre dans mes bras le royal enfant, à l'enlever à ses ennemis, et à ne le quitter qu'après l'avoir déposé dans une partie secrète du Bocage, sur cette terre glorieuse des Vendéens où les lis croissent toujours à l'ombre des chênes et des lauriers.

Mon dévouement fut inutile. Je m'en applaudis, quoiqu'il m'eût été bien doux de le manifester; il me valut du moins la reconnaissance de Madame. Pouvais-je ne pas en être fier? pouvais-je ne pas dès lors me consacrer corps et âme à son service et à celui de son fils?

Mademoiselle, qui portait un costume semblable à celui de sa mère, appréciait sa position avec une intelligence supérieure à son âge : elle semblait comprendre déjà toute l'étendue des malheurs de sa famille; mais elle comprimait ses pensées, qui ne se manifestaient que par un redoublement de tendresse et de prévenance envers son frère, car elle savait que c'était lui qui perdait le plus. Elle prodiguait aussi ses soins et ses caresses à son auguste mère, à la duchesse de Gontaut, et souvent à sa tante, à qui son âge rappelait celui où elle avait fait elle-même connaissance avec l'infortune. Sa physionomie était en général grave et rêveuse; mais son caractère naturel reprenait parfois le dessus, et elle se montrait aussi spirituelle qu'impétueuse. Je citerai à ce sujet le propos suivant :

On sait qu'à Rambouillet, Charles X et M. le Dauphin crurent nécessaire, pour arrêter l'élan de la révolution, de se démettre de la couronne en faveur de leur petit-fils et neveu. Mais la suite des évènemens n'ayant pas répondu aux espérances de son cœur, Charles X, à la fois brave et généreux, jugea plus digne de lui de reprendre le titre de roi, puisqu'il restait un titre de proscription dans sa famille, jusqu'au jour où la France, réconciliée avec la légitimité, proclamerait elle-même le Joas de la race de Robert-le-Fort. Quoi qu'il en soit, aucun changement n'eut lieu dans le cérémonial de Charles X, qui s'observa comme par le passé. Le roi conserva la première place, son fils la seconde, et celui auquel on avait donné le titre de Henri V ne venait qu'en troisième; jamais on ne le traita de majesté; enfin on eût pu croire que l'abdication n'existait pas.

Il faut savoir aussi que, d'après l'étiquette de la cour de France, il y avait toujours, à portée du roi et de la reine, un service de linge et de mets qu'on appelait *en cas de besoin*, et qui, par abréviation, n'était connu que par les deux premiers mots, un *en cas*. Il m'arriva pendant la route, à Rambouillet, de donner à Henri de Béarn le titre de *majesté*. Mademoiselle en parut étonnée.

— Mais, répondis-je, est-ce que M. le duc de Bordeaux ne vient pas d'être proclamé roi de France dans l'acte d'abdication de son grand-père et de son oncle?

— C'est vrai, répliqua Mademoiselle, qui se tut un instant, puis elle ajouta, avec une finesse extrême : Mon frère règnera un jour; mais maintenant *c'est un roi en cas.*

En effet, malgré son jeune âge, Mademoiselle venait de dire une vérité que je reconnus pendant le reste du voyage et dans le cours de la traversée : le jeune prince n'avait été et ne serait long-temps encore sans doute qu'un roi *en cas !*

Les autres personnes qui accompagnaient la famille royale mériteraient aussi que je m'occupasse d'elles particulièrement; cependant elles me permettront de n'en rien faire, du moins dans le moment. J'ai le cœur trop plein pour détourner ma pensée des augustes infortunés forcés d'abandonner un royaume qu'ils sont peut-être condamnés à ne revoir jamais.

Nous montions le paquebot américain *Great-Britain*; le second, nommé *Charles Carrol*, portait principalement les bagages et la suite. Deux vaisseaux français servaient d'escorte, la corvette *la Seine*, et le cutter *le Rôdeur*. Nous n'avions cependant aucune attaque à redouter; mais il fallait encore une ombre de représentation à tant de grandeur déchue. Enfin, sur le soir, nous vîmes disparaître Cherbourg, son port et sa rade. Le temps, qui était superbe, invitait à respirer la fraîcheur de la nuit.

Madame ayant attendu que l'obscurité fût complète, s'approcha de moi et me dit:

— La mer est calme, mais qu'elle est facile à soulever! C'est l'image du peuple. Ah! monsieur, qui nous aurait dit, le 25 juillet au matin, que cinq jours après...?

Des larmes abondantes empêchèrent la princesse de poursuivre. Je me taisais; car quelles consolations pouvais-je offrir à une telle douleur? Son Altesse Royale reprit ensuite :

— On punit mon fils qui n'est point coupable, et moi on me punit aussi. Qu'a-t-on cependant à me reprocher? On ne sait donc point en France que, depuis mon veuvage, on ne m'a jamais consultée; que j'ai été forcée de me taire, lorsque j'aurais cru devoir parler; et je suis condamnée à vivre maintenant dans l'exil, et à mourir sans voir mon fils roi de France!

— Il l'est aujourd'hui, madame.

— Eh! monsieur, me répondit Son Altesse Royale avec un geste significatif, ce n'est qu'une royauté de nom, elle n'est pas même reconnue par ceux qui la lui ont transférée.

— Il n'en est pas moins vrai, madame, que

Henri V est roi en vertu d'une abdication sur laquelle il n'y a plus à revenir, et je suis persuadé que tout autre prétendant à la couronne ne réunirait pas vingt suffrages.

— Je voudrais que l'on fût convaincu ici de ce fait; mais les illusions de la flatterie ont repris tout leur empire, on se croit regretté des sujets fidèles... Que ceux sur lesquels nous devions compter le plus nous ont cruellement abandonnés!

Madame à ces mots me quitta; je ne la revis pas de toute la nuit, que je passai dans une agitation toujours croissante, ne pouvant me figurer que nous fussions hors du royaume par suite d'une fatale révolution. Comment en si peu de jours tant de puissance avait-elle disparu? Comment ce bâtiment de si peu d'apparence pouvait-il renfermer trois générations de roi? Je me rappelai la phrase célèbre de l'oraison funèbre de la reine d'Angleterre par Bossuet, et je demandais encore à l'Océan s'il n'était pas étonné de voir de nouveau une race royale le traverser tant de fois pour des causes si différentes. Je me rappelais les derniers évènemens, leur rapidité, leur importance;

comment ce trône avait croulé en trois jours, trahi par sa force même qui lui avait fait dédaigner des précautions contre quelques hommes devenus en trois jours des chefs de parti; cette retraite qui n'était pas une fuite, et la défaite qui l'avait précédée sans que les vainqueurs eussent précisément remporté la victoire. Je ne pouvais me figurer que tant de partisans des Bourbons, d'hommes à serment de fidélité et de dévouement, fussent demeurés immobiles, sans faire aucune démonstration en faveur de leurs anciens maîtres, sans même se montrer; c'était pour moi un phénomène inexplicable, dont cependant la réalité m'accablait.

Le sommeil pendant cette nuit n'approcha pas de mes paupières. L'aurore se leva radieuse, je l'aurais voulu sombre; hélas! le ciel ne se charge point du deuil des mortels. Au point du jour, un homme, enveloppé dans son manteau, parut sur le pont; il semblait méditer avec amertume sur sa funeste destinée, sur le malheur qui attachait deux fois son nom à la chute d'un empire, et qui en faisait un objet de haine à ses concitoyens; c'était le duc de Raguse : il ne versait point de larmes, mais le sombre nuage qui obscurcissait son front annonçait assez les souffrances de son âme ; il n'osait envisager ni le passé ni l'avenir, et cependant il n'était point coupable. Qui à sa place, lors des trois journées, aurait refusé son épée au roi ? la fidélité exige souvent d'immenses sacrifices, et celui qui s'oublie lui-même pour servir une bonne cause remplit son devoir, bien que le vulgaire lui en fasse un crime. En voyant le duc, je m'avançai vers lui, et ce mouvement parut lui plaire, car son extrême suceptibilité lui faisait redouter le blâme universel.

— Vous savez, monsieur, me dit-il, combien on se méfie de mon zèle, parmi ces hommes qui ne comptaient que sur eux-mêmes. Je suis ici pourtant, tandis qu'ils n'ont pas quitté leur hôtel ou leurs terres. De quelle amertume n'ai-je pas été abreuvé pendant tout le cours de la restauration ?

— Monsieur le maréchal, vous vous êtes bien vengé par votre conduite actuelle.

— Le pensez-vous, monsieur ? répliqua-t-il vivement ; êtes-vous du petit nombre de ceux qui me rendront justice? On a fait un appel à mon honneur; soldat, j'ai obéi à mon chef; sujet, je n'ai pas cru qu'il me fût permis d'abandonner mon roi; et néanmoins les accusations les plus graves pèsent sur moi! Je n'espère que dans l'équité de l'avenir; lorsque les passions seront éteintes, on appréciera sans doute ma conduite à sa juste valeur. Mais que mes ennemis n'oublient pas que la victoire rend souvent criminels ceux qu'elle abandonne.

Je voulus lui donner des consolations, il ne les écouta pas; la voix de tant de Français qui l'appelaient traître une seconde fois, retentissait seule à son oreille; sa douleur le poursuivait comme un remords: voulant le distraire, je lui demandai où nous allions.

— J'ignore le lieu de votre destination, me dit-il; quant à moi, je sais où j'irai. On me chassera dès que je serai en Angleterre, ou plutôt je me séparerai volontairement de l'auguste famille. J'ai reçu à Saint-Cloud un affront qu'on ne me pardonnera jamais, et dont le poids accable encore mon cœur.

J'essayai de donner un autre cours à ses idées, mais ce fut en vain; elles se portaient sans cesse sur le passé, et je pus juger de sa blessure à la chaleur avec laquelle il s'exprima. Le maréchal duc de Raguse est un homme bien malheureux.

CHAPITRE II.

Le convoi se dirigeait vers Portsmouth sur Spithead; la mer continuait à être tranquille, et, à mesure que le jour avançait, je vis arriver successivement sur le pont les ducs de Polignac, de Guiche, de Luxembourg, le comte de la Rochejaquelein, le marquis de Choiseul, le baron Crossard, madame de Bouillé et le reste de la cour fugitive. Le duc de Damas y vint aussi avec son auguste élève. Celui-ci prenait un vif intérêt à la manœuvre, questionnait les matelots avec une rare intelligence, et, je dois l'avouer, embarrassait parfois étrangement son gouverneur; il nous dit:

— J'ai rêvé de la France toute la nuit. Mon Dieu, comme je l'aime! Ah! si elle me le rendait, nous serions tous bien heureux!

Il y eut là un imprudent qui se permit de dire:

— En tout cas, Monseigneur, quand vous y reviendrez, souvenez-vous de l'adage : *qui bien aime bien châtie.*

— Fi ! monsieur, répondit le Prince avec vivacité; quand on revoit ceux qu'on chérit, on les embrasse et l'on ne songe point à les punir.

Nous admirâmes tous cette repartie, que madame de Bouillé courut répéter à l'auguste mère, bien faite pour l'apprécier; la princesse me dit plus tard à ce sujet :

— Voilà l'esprit d'un grand nombre de ceux qui nous entourent; ils cherchent constamment à semer la zizanie entre nous et le peuple. Punir la nation ! oh, jamais ! Si la providence vient un jour à notre secours, l'oubli du passé sera ma seule règle de conduite.

On donna le signal pour assister à la messe, qui fut célébrée dans la grande salle. Nous trouvâmes, en entrant, le roi et son fils déjà prosternés aux pieds de l'autel. Madame la Dauphine entra en même temps que nous; chacun prit sa place et le saint sacrifice eut lieu. Nous priâmes tous avec ferveur, car c'est dans l'infortune qu'on sent le besoin de s'adresser à la divinité.

Après que la cérémonie fut achevée, nous apprîmes que Charles X avait nommé une commission composée de MM. de Luxembourg, la Rochejaquelein, Choiseul, Bourtel et Crossard, pour aller, en son nom, prévenir le ministère anglais de son arrivée et de celle de sa famille dans la Grande-Bretagne. On nous dit aussi, mais je sus depuis qu'il n'en était rien, que les membres de la commission devaient demander que l'on reconnût Henri V en sa qualité de roi de France. Cependant nul n'y songeait dans ce moment, à tel point cette couronne flottait comme suspendue sur ces trois têtes, allant alternativement de l'une à l'autre.

Nous abordâmes, le même jour, les côtes d'Angleterre. Aussitôt une foule nombreuse nous environna, soit sur la rive, soit sur la mer à l'aide d'embarcations. La curiosité du peuple anglais surpasse celle de nos compatriotes; il faut dans ce pays que l'on voie tout, n'importe de quelle manière et à quel prix. Nos yeux furent douloureusement affectés à l'aspect des cocardes tricolores arborées par une portion du peuple, surtout parmi les réformistes, qui sympathisaient avec notre dernière révolution. Il y avait même, en certains lieux, des drapeaux et des flammes aux trois couleurs. Madame la Dauphine en ressentit une augmentation de tristesse, et le roi lui-même eut peine à cacher son émotion.

Le duc d'Angoulême s'approchant de moi, me dit :

— Tenez, mon cher, voilà les couleurs de la république qui vont faire le tour du monde; mais gare aux lieux où elles passeront.

Dès que les formalités d'usage eurent été remplies, on nous avertit que nous étions libres de descendre à terre. La famille royale ne profita pas d'abord de cette permission, les trembleurs lui ayant fait peur de cette canaille anglaise, qui a des huées pour toutes les grandeurs déchues. Mais nous reconnûmes plus tard que ces craintes étaient puériles; jamais nos princes ne furent traités avec plus de marques de respect en France, qu'ils en reçurent sur le sol britannique. On manifesta la plus grande vénération aux illustres voyageurs partout où ils passèrent. Si la canaille, en Angleterre, est la pire de toutes les canailles, en aucun pays aussi on ne trouve, chez les gens bien nés, une courtoisie plus délicate.

La commission que je viens de nommer, partit pour Londres. Charles X éprouvait une véritable anxiété, relativement aux dispositions du cabinet anglais à son égard. Permettrait-il aux Bourbons de rester en Angleterre? Le roi et M. le Dauphin le désiraient, mais madame la Dauphine et Madame auraient penché pour se réfugier ailleurs. La première souhaitait de se retirer en Saxe, ou en Autriche, sur l'une des terres qu'elle possède dans cet empire, par la succession de l'archiduchesse Christine, sa tante, autant du moins que je puis le croire; elle aurait également consenti à se fixer en Espagne ou en Italie.

C'était vers cette dernière contrée que tendaient tous les vœux de Madame. Naples après Paris devait, disait-elle, être sa demeure. Le sol anglais lui semblait une terre d'exil dans toute l'étendue du mot, à cause de son ciel brumeux, et de la brusquerie de formes de la classe moyenne. Le climat embaumé de Parthénope, ses usages et ses mœurs lui souriaient davantage. C'était d'ailleurs la patrie pour elle, et la patrie a tant de charmes sur les âmes telles que la sienne! Aussi, Madame désirait que le ministère présidé par lord Wellington refusât l'hospitalité que lui faisait demander sa famille. Son Altesse Royale me questionna à ce sujet.

— Soyez certaine, Madame, lui répondis-je, que vous serez les bien-venus en Angleterre ; nos trois princes sont des otages trop précieux pour que le ministère anglais ne cherche pas à les retenir. Ce sera un frein contre le gouvernement français, au moyen duquel les Anglais pourront le faire marcher à la baguette. La politique britannique est connue avant ce jour, et je ne doute pas qu'elle retire la plus grande part des avantages de notre révolution.

— Vous pensez donc qu'on ne me laissera point partir avec mon fils quand je le voudrai ?

— Je le crains, Madame.

— Si j'en étais persuadée, j'emmènerais sur-le-champ Henri V avec moi, tenter une nouvelle fortune. On a voulu vous donner pour escorte à nos envoyés, mais je m'y suis refusée, souhaitant vous attacher au service personnel de mon fils, ou, pour mieux dire, à la défense de ses intérêts, qui sont les miens.

— Ah! Madame, m'écriai-je, Votre Altesse Royale me comble; c'est plus que je n'aurais osé demander. Sa Majesté et vous, pouvez compter sur mon dévouement, il n'aura ni fin ni bornes.

— Je me repose sur lui, me répondit la princesse avec autant de dignité que de grâce; je ne puis vous promettre de bonheur, car vous partagerez notre destinée, mais vous ne nous quitterez plus.

— Ce sera le bonheur pour moi! m'écriai-je avec transport.

— Monsieur, nous ne le trouverons qu'en France, lorsque la paix faite entre nous et le peuple me permettra de tout réparer. J'ai besoin de revoir Paris, Rosny, mes pensionnaires et mon hospice. Je tâcherai cependant, quoique absente, d'envoyer du secours à ceux dont la situation en réclame. Je ne suis pas riche à la vérité, mais en soulageant des infortunés j'ai contracté envers eux l'obligation de ne point les laisser retomber complètement dans la misère.

Ces paroles furent prononcées avec une expression céleste de bonté et de tristesse. Monseigneur le duc de Bordeaux nous rejoignit dans ce moment; il avait l'air triste aussi.

— Tu t'ennuies, mon pauvre Henri, lui dit la princesse.

—Oui, ma mère, répondit le noble enfant.

— Que regrettes-tu ?

— Les Tuileries et la France. Je voudrais aussi.... Il s'arrêta.

Madame, vivement émue, pâlit et rougit tour à tour; puis ne voulant pas laisser deviner son trouble, elle ajouta :

— Achève ; voyons, que voudrais-tu ?

— Qu'on me fît lire, non par extraits, mais en entier, la vie de Henri IV.

— Pourquoi?

—Afin d'apprendre à reconquérir plus tôt un royaume qui m'appartient; car la France est à moi, n'est-il pas vrai?

— Sans doute, monseigneur, me permis-je de répondre; elle est à vous autant que vous êtes à elle ; car vous ne devez vivre que pour ses intérêts.

— Je crois, continua le prince, que Henri IV, pour se faire aimer, n'eut besoin que de se battre et de devenir catholique.

— Il était bon, habile et ferme, répliquai-je.

— Pour être bon comme lui, je n'aurai qu'à suivre l'exemple de ma mère ; je trouverai peut-être plus difficilement un modèle d'habileté ; mais quant à la fermeté, j'en aurai pour tout le monde.

En parlant ainsi, le prince s'éloigna, laissant son auguste mère ravie de reconnaître si prématurément dans son fils des sentimens dont elle était fière.

Nous ne débarquions pas encore, bien que les princesses eussent déjà fait quelques excursions dans le voisinage ; mais il fallait une autorisation du ministère pour que Charles X fixât son séjour sur le sol anglais. La nouvelle arriva que le général Baudrand, ex-gouverneur du duc de Chartres, venait de descendre à Douvres, étant porteur de lettres du roi Louis-Philippe pour Sa Majesté Britannique.

Il avait sans doute la mission de faire reconnaître le nouveau souverain. On se flatta parmi nous que ce point important serait remis à une époque plus éloignée. C'était se leurrer d'un faux espoir. On ne fait point en Angleterre de la politique de chevalerie ; on y cherche à tirer profit de tout et rien de plus ; aussi, dans cette circonstance, le ministère, s'appuyant sur une fausse analogie entre 1688 et 1830, s'empressa de conclure l'acte que le gouvernement français demandait; et le moindre avantage qu'il en obtint fut d'établir, sur une base solide, à l'aide du prince de Talleyrand, tout ce que le cabinet de Windsor a cru devoir exiger de celui du Palais-Royal.

Enfin, notre état d'incertitude cessa ; le roi Guillaume IV envoya un officier de sa maison complimenter Charles X et sa famille. Un bâtiment à vapeur fut mis à la disposition des augustes exilés, pour les conduire au lieu où ils désiraient se fixer, à l'exception toutefois de Londres, dont l'approche leur était interdite; il fut insinué aussi que le séjour dans l'île de Wight aurait de graves inconvéniens, qui ne devaient point permettre qu'on le choisit. Nous sûmes donc qu'on voulait bien nous recevoir, mais à condition que nous ne gênerions personne, et qu'on serait en mesure de surveiller toutes nos démarches.

A défaut de logemens donnés par la couronne, nous n'en manquâmes pas chez les particuliers; plusieurs nobles seigneurs mirent leurs châteaux à la disposition de la famille royale, en se réservant même d'exercer les droits de l'hospitalité dans toute leur étendue: c'était la générosité britannique telle qu'on aimerait à la rencontrer partout. Charles X choisit, parmi les demeures qui lui furent offertes avec tant de grâce, celle de la famille Weld Lullworth, dans le Dorsetshire; c'est une maison catholique, dont un membre est cardinal.

Nous logions à Cowes à l'hôtel Frontain. Il y avait dans cette ville un républicain forcené, non tel qu'en a fourni notre dernière révolution, mais semblable à ceux de 93. Cet homme, fait prisonnier de guerre dans la dernière campagne de la péninsule espagnole, s'était marié à Cowes, et depuis lors n'avait plus revu son pays natal. On savait qu'il se répandait en imprécations virulentes contre les exilés royaux, et nos trembleurs prétendirent qu'on devait, à cause de lui, veiller plus particulièrement sur le duc de Bordeaux, dans cet endroit que partout ailleurs.

La première fois que Madame vint dans la ville avec ses enfans, elle s'arrêta tout-à-coup devant la porte de ce républicain farouche, dont elle s'était fait désigner la demeure; et prenant par la main M. le duc de Bordeaux et Mademoiselle, elle entre brusquement dans sa boutique où il était à vendre de la mercerie.

— Monsieur, dit Madame en s'avançant vers lui, on prétend que vous êtes l'ennemi de la famille des Bourbons; je désirerais savoir quels sont vos griefs contre elle, afin d'y faire droit si cela est en mon pouvoir.

Ces paroles, prononcées moitié avec bienveillance, et moitié avec fermeté, produisirent un tel effet sur cet homme, qu'incapable de maîtriser son émotion, son visage se couvrit de larmes; il balbutia quelques mots sans suite; puis se remettant un peu, il supplia Madame de lui pardonner, dans les termes les plus humbles.

— Le pardon est toujours doux à accorder, lorsque le repentir est sincère, dit Madame avec le plus aimable sourire; mais pour que je croie au vôtre, il faut que vous buviez à la santé de mon fils.

Cet homme tomba aux genoux de la princesse, ainsi que sa famille, et se répandit en bénédictions, rappelant assez bien le prophète Balaam, envoyé pour maudire, et forcé d'exalter Israël. Le toast fut ensuite porté au royal enfant, et ce fut Madame qui versa elle-même le vin de France, qui servit à la réconciliation. Je vis l'instant où le républicain, devenu royaliste, allait imiter le précepte de l'Écriture, où il est dit : *vous quitterez, pour me suivre, père, mère*, etc.; il est certain que nous le laissâmes purgé du mauvais levain.

Cette démarche courageuse de la princesse ne plut pas à tout le monde; on accusa Madame d'avoir manqué de dignité; on lui fit un crime de ce qu'elle avait changé la haine d'un homme en un dévouement sans bornes pour son fils.

— Il est plus facile de perdre les cœurs que de les gagner, répondit Son Altesse Royale;

3.

l'expérience nous a trop appris cette funeste vérité, et, si la leçon a été cruelle, il faut du moins savoir en profiter.

Mais afin d'empêcher que de telles scènes se renouvelassent à l'avenir, on insinua à Madame que son fils ne lui appartenait pas entièrement, qu'il était la propriété de la France, et qu'on ne pouvait par conséquent trop veiller à sa sûreté ; c'était dire assez qu'il fallait dorénavant l'éloigner de tous ceux que sa présence aurait pu ramener à lui.

CHAPITRE III.

Nous continuions à lire avec avidité les journaux qui nous donnaient des détails sur la France ; nous savions que la liberté illimitée dont ils jouissaient leur permettait de ne rien déguiser. La facilité avec laquelle la révolution avait été consommée dans les villes et dans les départemens les plus royalistes, nous causait une surprise extrême. Charles X, et madame la Dauphine, ne pouvaient comprendre le repos du Languedoc et de la Provence, l'immobilité de la Vendée et de la Bretagne ; à peine si on trouvait de la résistance dans quelques membres du clergé; on aurait pu croire, sans eux, que la France entière avait oublié l'ancienne monarchie pour s'attacher à la nouvelle.

Chaque heure venait détruire successivement nos dernières espérances, sans nous apporter de consolations ; cependant il fallut partir enfin pour Lullworth, où nous devions résider. Le 23 août, nous montâmes sur le bateau à vapeur *le Commerce*, pour aller à Pool, où les équipages de la famille l'avaient précédée. Madame, dont la bonté à mon égard ne se démentait pas, voulut que je partisse sur le bateau qui devait transporter les princes.

Nous nous embarquâmes à huit heures du matin, et à trois heures nous entrions dans le port de Pool, situé dans une presqu'île sur la côte d'Angleterre. Il contient près de cinq mille habitans, et fait un commerce actif avec Terre-Neuve ; les alentours en sont peu rians; au reste, nous n'y fîmes que toucher terre, et nous poursuivîmes la route jusqu'au lieu de notre destination.

Lullworth, peu connu jusqu'à cette époque, obtiendra dorénavant un regard du voyageur, qui aimera à y chercher des souvenirs de l'auguste famille, à laquelle, après tant de puissance, il ne restait d'autre ressource que de venir demander un asile sur une terre étrangère.

Le château de Lullworth se présente dans

sa simplicité avec les formes du moyen âge ; ses tours, ses tourelles, ses fenêtres en ogives et son petit portique extérieur. C'est une habitation de peu d'étendue, mais où se trouve réuni tout ce qui peut rendre l'existence agréable. Le bon ordre et la régularité qui y règne témoignent en faveur du propriétaire. La devise de cette demeure me frappa : *Nil sine numine.* On la trouve gravée partout, aux cheminées, au-dessus des portes, et même sur les meubles. C'est un usage qu'on n'a point conservé en France.

Tout était disposé pour que nous fussions satisfaits de notre réception. On me donna une chambre dans les combles, qui me sembla un palais, à tel point j'étais content de tout ce qui me permettait d'être près de mes nobles maîtres.

Deux cents personnes au moins, et des plus recommandables, s'étaient rassemblées devant la façade de la maison pour recevoir les illustres hôtes. Sir Joseph Weld fit les honneurs de sa demeure avec une grâce qui allait bien à un descendant de ces Jacobites, fidèles aux Stuarts proscrits jusqu'à la mort du dernier rejeton de cette dynastie malheureuse. Ses yeux se remplirent de larmes au moment où il prononça le compliment de bienvenue. Charles X le salua à la manière anglaise en lui prenant la main qu'il serra cordialement dans la sienne. Sa Majesté avait voyagé sous le titre de duc de Milan. C'était prendre une qualification étrangère à la France, mais non à ses ancêtres qui pouvaient de droit se prétendre héritiers des Galeas Visconti. Charles X voulait surtout rappeler par ce titre qu'il était le successeur de François Ier, de ce roi chevalier qui put dire après ses disgrâces : *tout est perdu fors l'honneur.*

Monseigneur le Dauphin imita son auguste père; Madame la Dauphine s'empressa d'aller se reposer dans son appartement, car la foule lui était importune, et celle-ci ne servait qu'à renouveler ses regrets. Madame fit de violens efforts sur elle-même pour ne point laisser voir sa douleur ; elle m'avait dit auparavant :

—Voici une occasion de montrer la fermeté que l'on a tant vantée en moi. Je veux que les Anglais me jugent digne du trône dont l'assassinat et la révolte m'ont fait descendre.

En effet, la princesse se montra ce qu'elle est, supérieure à son infortune.

Les spectateurs cherchaient surtout à voir Monseigneur le duc de Bordeaux ; sa physionomie ouverte, animée, sa grâce et sa noblesse, charmaient tout le monde. Quelqu'un dit à ce sujet à côté de Mademoiselle :

— Si celui-là avait quinze ans de plus, il ne se serait pas laissé enlever le trône.

Mademoiselle se retournant vivement, répondit :

— Aussi quand il les aura il fera tout son possible pour le reprendre, s'il ne lui est pas rendu avant.

Je rapportai à Madame cette repartie remplie de finesse, et la Princesse en pleura de plaisir.

On s'établit à Lullworth comme on put ; ceux qui ne voulurent pas s'arranger d'une chambre de domestique se logeaient dans les environs. L'hôtel d'Effleton fut encombré des nôtres ; on se casa le mieux possible ; l'essentiel était de ne pas trop se séparer.

Ce fut là que nous reçûmes par la poste les premières lettres venant de France ; on ne nous mandait rien de particulier; on craignait de se compromettre, ignorant encore si le gouvernement tolérerait une correspondance avec les exilés. Néanmoins nous lûmes ces missives avec avidité ; elles venaient de la patrie, et c'était assez pour les rendre précieuses à nos yeux. Du reste, elles ne nous donnaient que des espérances éloignées. Voici ce que m'écrivait quelqu'un :

« Le peuple a, dans trois jours, achevé son ouvrage; il a cru sa tâche terminée, et s'est retiré à l'écart; mais les gens qui n'ont jamais mis la main à l'œuvre que pour tout gâter, en commencent dans ce moment-ci une nouvelle dont le début ne promet rien de bon. Nous tombons dans le marasme au sortir de la tempête, et l'on appelle cela ordre public!... Ne vous mettez point en peine de l'avenir. »

Il arriva successivement des paquets de toutes dimensions, remplis de protestations d'amour et de dévouement; tous ceux qui étaient restés immobiles en présence de la monarchie expirante donnaient d'excellentes excuses de leur inaction. Ils avaient craint, à l'exemple de nos princes, de faire couler le sang français; mais ils affirmaient en revanche que Charles X et sa famille rentreraient en décembre aux Tuileries, que le duc d'Orléans se refusait à aller habiter.

Croirait-on que cette particularité, au fond si indifférente, était une cause d'espoir pour quelques uns d'entre nous? il semblait qu'il manquait quelque chose à la nouvelle royauté, du moment que la demeure des rois restait vide. Le séjour au Palais-Royal était considéré par eux comme une sorte de reconnaissance tacite des droits de la branche ainée par la branche cadette; ils ne voyaient point que Louis-Philippe croyait se rendre plus populaire en restant dans son Palais-Marchand, dont des émeutes multipliées ne lui avaient pas encore fait reconnaître l'inconvénient. Nous nous amusions à nous représenter la nouvelle cour étroite, mesquine, entassée pêle-mêle au Palais-Royal, avec les boutiquiers et les filles de joie; cette cour pour laquelle la dignité et l'étiquette semblaient être d'inutiles attributs!

Les deux ou trois premiers jours de notre arrivée se passèrent à nous installer le plus confortablement possible, et à prendre ce qu'on appelle la connaissance des lieux. Ce fut là, si je me le rappelle bien, que les enfans du comte Jules de Polignac vinrent nous rejoindre; ils étaient quatre, l'aîné avait treize ans, et le dernier était presque encore au berceau. Ils habitaient la maison de plaisance de leur père à quelques lieues de Paris lorsque la révolution éclata; leur mère voulut et ne put les sauver, on les confia alors à la nourrice du dernier dont le mari était au service du prince. Cet homme et sa femme suivirent de loin les traces de la famille royale jusqu'à Cherbourg; ils quittèrent de nuit le château, et partirent à la pointe du jour avec les enfans, voyageant, sous un déguisement, tantôt à pied, tantôt en charrette, selon que la prudence l'exigeait. Les deux conducteurs passaient pour les père et mère de cette jeune famille, et leur contrat de mariage leur servait de passe-port, car ils étaient souvent arrêtés dans les villes et dans les villages, où la population armée faisait un sévère examen de tous ceux qui passaient.

Dans une des haltes de la route, un de ceux qui visitaient les papiers des voyageurs, vérifia le contrat de mariage avec un soin minutieux, et finit par dire au père supposé que cette pièce n'était pas en rapport avec l'âge des deux garçons aînés. Le domestique, conservant toute sa présence d'esprit, prit un air confus, et dit :

« Il m'est pénible, monsieur, d'être forcé d'avouer ici que ma femme avait déjà deux enfans avant notre mariage. »

Cette explication parut satisfaire le commissaire interrogateur, qui ne s'opposa plus à ce que la famille continuât son chemin.

De Cherbourg, les voyageurs s'embarquèrent pour l'Angleterre avec la suite de Charles X; ils trouvèrent d'abord un asile chez la comtesse de Newburgh, où se rendit aussi de son côté le marquis de Montmorency avec sa femme et ses sept enfans.

Le prince de Polignac n'a rien perdu de l'affection que lui portait Charles X; ce monarque est toujours persuadé qu'il n'a jamais eu de sujet plus fidèle et plus habile : c'est du moins une preuve qu'il est constant dans ses attachemens, et qu'il n'oublie point ceux sur le dévouement desquels il croyait pouvoir se reposer. Le Dauphin conservait également une confiance sans bornes dans les talens de M. de Polignac; mais cette opinion n'était point professée par Madame, ni par Son Altesse Royale la duchesse d'Angoulême, qui, en arrivant à Rambouillet après son voyage en Bourgogne, reprocha avec chaleur à l'ex-président les fautes dont il s'était rendu coupable, et l'accusa même de la chute de la monarchie. Le mécontentement de madame la Dauphine fut une des causes principales qui empêchèrent le prince de Polignac de suivre le roi au-delà de Dreux.

Quant à Madame, elle lui pardonnait encore moins que sa belle-sœur d'avoir, par son opiniâtreté et son manque de mesure, perdu le trône de son fils; et, à la nouvelle de l'arrestation du prince, il fallut à Son Altesse Royale toute sa vertu pour le plaindre.

Nous étions depuis peu de temps à Lullworth, lorsque Madame me dit un jour dans le parc:

— Ah! monsieur, il me semble que chaque jour qui s'écoule m'enlève quelque chose de mes espérances. Je voudrais croire à la royauté de mon fils, et elle se présente à moi comme un rêve, en dépit de tous mes efforts pour rejeter une idée aussi affligeante.

— Il est vrai, madame, que cette royauté sommeille aujourd'hui, mais elle n'attend que l'instant propice pour se réveiller.

— Plût au ciel qu'il en fût ainsi! Cependant, outre ce tourment, j'en ai encore un autre non moins grand.

Je ne voulus point provoquer la confiance de Madame, et j'attendis qu'elle daignât s'expliquer. Après avoir gardé un instant le silence, elle reprit:

— La France, depuis le commencement de cette année, fait clairement connaître son opinion; elle ne veut plus de notre entourage et de nos préjugés; il lui faut une monarchie avec de la liberté, de la religion sans intolérance, de la grandeur sans prodigalité. Qui ne lui accordera point tout cela, ne règnera jamais sur elle. Or, si je veux que la couronne revienne un jour à mon fils, il convient qu'il appartienne à la nation, qu'il en ait les goûts, les opinions; et qui les lui inculquera? ce ne seront certainement pas ceux qui l'environnent, mais des hommes instruits, éclairés, formés aux idées nouvelles, et qui seront garans envers la France des sentimens de Henri V. Ce n'est point ici qu'il faut les chercher. Il serait donc nécessaire de les faire venir.

Je reconnus dans ces paroles les vues supérieures de Madame, et je dus convenir avec elle que le système d'éducation de Henri de Béarn devait être changé. Elle poursuivit:

— Le baron de Damas est rempli de bons sentimens, je le sais; mais cela ne suffit pas dans la conjoncture actuelle. Je voudrais voir à sa place ceux que la France investit de son estime, par exemple, MM. Lainé, Hyde de Neuville, le duc de Mortemart.

— Et M. de Chateaubriand? demandai-je.

— Si j'étais libre, je l'appellerais le premier, mais ici on n'en veut pas, car on le taxe de jacobinisme.

— Je ne m'en serais pas douté, répliquai-je. Je le croyais dévoué aux Bourbons corps et âme.

— Ah! monsieur, me dit la princesse, il a autant de sagesse que de génie; mais c'est ce génie même que lui reprochent ses adversaires. On craint ses lumières; on voudrait nous tenir constamment en arrière du siècle, tandis que nos intérêts exigent que nous marchions avec lui. Mon plus grand désir serait de confier à M. de Chateaubriand l'éducation de mon fils : il est notre meilleur appui. Vous savez avec quelle rigueur nous l'avons traité! Eh bien, aujourd'hui il se venge en soutenant les droits de Henri de Béarn avec autant de grandeur que de talent. Si nous le repoussons dans la bonne fortune, nous le retrouvons du moins toujours dans la disgrâce.

Madame rendait avec raison justice à un homme dont la plume énergique fait pencher successivement la balance du côté de la cause qu'il défend. J'entretins la princesse dans ses sentimens à l'égard de M. de Chateaubriand. Puis elle ajouta :

— Malheureusement je ne suis point maîtresse d'agir selon mon désir. Aujourd'hui la mère du roi n'a pas plus de pouvoir que le roi lui-même : il faut encore se soumettre à supporter la peine de fautes auxquelles on est étranger.

Je m'aperçus que le système à adopter

dorénavant pour l'éducation du duc de Bordeaux faisait naître une apparence de division dans la famille. Une partie de ses membres, persuadée que les vertus du baron de Damas le rendaient apte à remplir ses fonctions de gouverneur, sans y joindre les talens indispensables à une pareille tâche, persistaient à le garder près de lui. Madame, au contraire, tout en rendant justice au baron, sentait qu'il n'était pas assez à la hauteur du siècle pour convenir à son fils, et elle cherchait en conséquence à mettre à sa place quelqu'un dont les idées fussent plus en harmonie avec l'époque.

— J'étais parvenue, continua la princesse, à me défaire enfin, la veille des ordonnances, de l'abbé Tharin, dont les idées rétrécies et le rigorisme menaçaient de faire un moine du duc de Bordeaux; car croiriez-vous qu'il osa plusieurs fois me refuser mon fils, sous prétexte qu'il fallait le détourner des amusemens mondains? Il était donc décidé qu'il partirait à la fin de juillet. Je m'en croyais délivrée sans retour, et maintenant j'ai à craindre qu'il ne revienne. J'ai déjà entendu quelqu'un de très influent dire que son renvoi avait attiré sur nous la colère de Dieu. Et certes, s'il a plu à Dieu de renverser notre dynastie, ce n'est point pour la punir de n'avoir pas jugé l'évêque de Strasbourg capable de succéder en ligne directe à Bossuet et à Fénelon !

CHAPITRE IV.

Le même jour où Madame voulut bien me témoigner autant de confiance, nous vîmes arriver l'archevêque de Reims, M. de Latil. Il accourait en grande hâte se glorifier du martyre qu'il avait souffert, se targuant, avec une rare modestie, d'être un des défenseurs modernes de la foi. Il s'imaginait encore avoir à ses trousses les bandes cannibales de la révolution. Lorsque nous lui demandâmes quel mal elles lui avaient fait, il ne put nous le dire, seulement il affirma que leur scélératesse dépassait les bornes. Le fait est qu'on s'était moqué de lui en l'invitant à poursuivre tranquillement son chemin, et le saint homme avait encore ces railleries sur le cœur.

Je parlerai le moins possible de M. de Latil, ne pouvant avoir d'indulgence pour lui, car je le regarde comme un de ceux qui ont fait le plus de mal à la monarchie par son orgueil et son ignorance ; il a plus intrigué à lui seul au château que dix courtisans ensemble. Ennemi né des lumières et de l'indépendance nationale, je sais qu'il s'est toujours déclaré pour les lois d'exception, pour les mesures de rigueur, et en faveur de tout ce qui pouvait arrêter l'essor de la civilisation et de l'industrie.

On lui fit une réception fort gracieuse ; car Charles X a pour lui autant d'amitié que de vénération. Il était encore tout étourdi du choc qui avait renversé la monarchie et dont il avait reçu le contre-coup. Je dois lui rendre la justice de dire que pendant le temps qu'il séjourna à Lullworth, ce fut lui qui le premier renoua des correspondances avec les fidèles rassurés de l'intérieur, et qui trama des plans de contre-révolution infaillibles, disait-il. Cela était d'autant plus facile au digne prélat, qu'il avait pour lui la majorité du clergé, noblement dévoué aux Bourbons, bien que ce fût contre ses intérêts personnels.

M. de Latil écarta comme une mauvaise pensée de faire un appel à MM. de Chateaubriand et autres; il combattit avec chaleur contre tout changement de système, et dès lors les opinions de chacun, en se dessinant mieux, jetèrent quelque froideur entre les personnes qu'une seule règle aurait dû guider. Ceci ne nous revenait que par ricochet, ou par suite de quelque révélation confidentielle. On avait rétabli le cérémonial des Tuileries, ce qui nous causait souvent d'heureuses illusions; nous aurions pu donner les noms de la patrie absente à tous les lieux de la terre d'exil, comme Andromaque se faisant un Ilion et un Simoïs à la cour de Pyrrhus; nous aurions pu nous croire à Rambouillet, à Meudon, à Compiègne, ou dans quelque château royal de France; à tel point, on renouvelait sous nos yeux ce que nous avions laissé de l'autre côté de la Manche.

Un matin, avant le déjeûner, Madame me rencontrant dans le vestibule, s'approcha de moi presque en riant, elle tenait une lettre à la main.

— Devinez, me dit-elle, quel homme mon oncle Louis-Philippe envoie en ambassade auprès du cabinet de Londres.

— Serait-ce par hasard, répondis-je, M. Guizot, de Podenas, Madier de Montjau, Vatout, ou quelque autre de même force?

— Vous n'y êtes pas encore, et je dois avouer que l'ambassadeur qu'on a choisi est plus habile que ces messieurs; c'est un seigneur qui, depuis quarante ans, travaille pour son propre compte, associé-commanditaire né de tout gouvernement qui s'élève; un homme enfin qui trouve toujours le moyen de revenir sur l'eau, ayant perfectionné l'art de faire le plongeon dans les eaux troubles de la diplomatie.

— Quoi! m'écriai-je avec surprise, serait-ce M. de Talleyrand? La révolution actuelle est-elle donc si pauvre en hommes de mérite, qu'elle soit forcée d'avoir recours à ce rusé diplomate?

— Douteriez-vous de son talent?

— Non, Madame, mais de sa franchise; au résultat, je crois que c'est une plaisanterie, dont quelque badaud parisien veut amuser Votre Altesse Royale.

— C'est bien une bonne vérité. Ce serpent politique ne pouvait manquer de fasciner

Louis-Philippe, qui en sera traité comme l'ont été l'église, Louis XVI, puis la Convention, puis le Directoire, puis madame de Staël, et enfin Bonaparte, Louis XVIII et Charles X.

— Dieu veuille qu'il ne lui prenne pas aujourd'hui un caprice de fidélité !

— Ce serait pour nous un fâcheux contre-temps.

— Espérons plutôt, Madame, que son humeur fantasque le ramènera à ses anciens maîtres.

— Il m'en coûterait que ce fût lui qui rendît une troisième fois la couronne aux Bourbons ; il est des services dont la source...

Madame s'arrêta, mais je compris facilement le sens de sa phrase.

Charles X ne fut pas moins surpris que nous du choix qu'on avait fait de M. de Talleyrand ; il alla même plus loin, car il dit :

— Je présume qu'à partir du jour de son arrivée sur le sol anglais, il s'en écoulera peu, sans qu'il nous donne signe de vie, d'une manière ou d'une autre.

— Ah ! sire, répliqua madame la Dauphine, Votre Majesté ne voudrait pas de son concours.

Charles X ne répondit pas; mais un des nôtres, s'adressant à la princesse, s'avisa de citer le vers connu :

> N'importe de quel bras Dieu veuille se servir.

— Le duc d'Orléans, poursuivit la Dauphine, n'a donc aucun homme de bonne compagnie dans son parti; il me semblait cependant que quelques uns de nos fidèles avaient passé sous son étendard. Les craindrait-il? ce serait leur faire plus d'honneur qu'ils n'en méritent.

Son Altesse Royale avait parfois de ces franchises un peu brusques; son âme droite a une antipathie d'instinct pour les caméléons politiques; nous fûmes tous satisfaits au résultat de la nomination de l'ancien évêque d'Autun, persuadés qu'il nous traiterait mieux qu'un autre.

En effet, nous ne tardâmes pas à voir arriver un des émissaires du prince, qui rôda dans les environs du château; il chercha même à nous voir, mais de sa seule impulsion, car la loyauté de M. de Talleyrand est trop connue pour qu'on se permette de supposer qu'il fût de moitié dans cette démarche ; il ne sert jamais qu'un maître à la fois, se contentant d'en changer quand cela lui convient. Le personnage en question se montra tout dévoué à la famille royale, fit luire à nos yeux des espérances prochaines de retour, et conseilla, en cas de rentrée, de ne point laisser à l'écart son illustre ami. On ne répondit à aucune de ces insinuations, bien qu'on les écoutât, car la politesse ne nuit jamais ; et après un séjour d'environ une semaine, l'ami du prince s'en retourna peu satisfait de nous, et encore moins de la famille royale, près de laquelle il n'avait pu être admis. De reste ce n'est point la seule tentative qui fut faite à l'insu de l'ambassadeur. Plusieurs de ses amis vinrent nous visiter sans qu'il en eût la moindre connaissance, à tel point Son Excellence est trahie par ceux auxquels elle accorde le plus de confiance.

L'empressement que le cabinet de Londres mit à reconnaître le nouveau gouvernement français causa un profond chagrin à la famille royale : Charles X s'en expliqua vivement avec un envoyé de lord Wellington ; il lui dit que l'Angleterre aurait pu laisser prendre l'initiative à une autre puissance ; mais on s'excusa sur l'intérêt matériel que les Anglais trouvaient dans cet arrangement, on alla même jusqu'à dire, sans fondement sans doute, que l'on avait offert, en retour de cette reconnaissance, l'abandon d'Alger, la renonciation à se mêler des affaires de la Grèce, et un peu plus tard le consentement à ce que la Belgique et surtout Anvers devinssent la propriété de l'Angleterre à l'aide d'un prête-nom qui, sous ce rapport, sauverait l'honneur de la France ; enfin, qu'on obtiendrait un traité de commerce tel qu'on n'en avait jamais eu de la légitimité, bien que celle-ci, au dire de ses ennemis, fût anti-nationale.

— Mais, s'écria Charles X, on veut donc vous vendre la France ?

— En vérité, sire, là où les industriels sont en majorité, on fait argent de tout, même de la patrie, qui devient un objet de spéculation comme un autre.

— Ce n'est point Duguesclin, Bayard,

Sully ou le cardinal de Richelieu qui eussent agi ainsi.

— Cela ne m'étonne pas, sire; ils étaient assez fous pour se croire Français et non cosmopolites. Votre Majesté doit comprendre que l'Angleterre ne peut refuser son alliance à qui lui offre de si immenses avantages.

Le monarque n'eut pas à se louer non plus des autres souverains de l'Europe. Bien que tous le déclarassent, dans des lettres particulières qu'ils lui adressaient, seul roi légitime de la France, ils reconnurent Louis-Philippe un peu plus tôt ou un peu plus tard. Ceci eut droit d'abord de nous surprendre; mais les évènemens nous ont prouvé depuis que le cabinet du Palais-Royal n'obtint point l'adhésion des puissances étrangères, à son système, sans de grandes concessions.

Madame m'apprit que la Russie avait mandé à Charles X, qu'elle ne pouvait admettre d'autre royauté que la sienne, ne voulant point reconnaître celle de Henri V, parce que, disait-elle, ce serait accorder à tout héritier présomptif le moyen permanent d'arriver plus vite au trône.

— Que vous semble de cette lettre? me demanda Son Altesse Royale. Nicolas n'est-il pas lui-même empereur en vertu d'une renonciation semblable? n'a-t-on pas cru, en abdiquant en faveur de mon fils, affermir la monarchie si fortement ébranlée? C'est vouloir détruire le seul acte de sagesse qui ait été fait depuis long-temps. L'avenir prouvera quelles peuvent en être les conséquences.

C'était un point sur lequel on avait de la peine à s'entendre dans la famille royale; non que les princes eussent envie de régner, mais il y avait là des gens qui ne pouvaient se décider à voir passer la puissance en d'autres mains que les leurs. Cette déclaration de l'empereur de Russie leur causa une joie véritable, et on commença à soutenir ouvertement que la double abdication était nulle du moment où les chambres françaises ne l'avaient pas acceptée sur-le-champ. Je dis qu'il était non seulement inutile, mais même dangereux d'élever une telle discussion, qu'on devait craindre de diviser les esprits; et chacun ne persista pas moins à vouloir établir telle ou telle royauté, selon l'avantage qu'il croyait en retirer.

Je voyais avec douleur ces différends, et ne le cachais pas à Son Altesse Royale. Madame, en bonne mère, ne voyait que les intérêts de son fils; tous ses désirs, toutes ses pensées se portaient vers ce but unique. Elle ne tarda pas à reconnaître que mes opinions étaient entièrement en rapport avec les siennes, et dès lors elle daigna m'accorder une confiance sans bornes, et me charger de tout ce qui se rattachait à la fortune future du duc de Bordeaux.

— Voulez-vous, me dit-elle, vous dévouer à mon Henri corps et biens?

— Je le jure, madame, pour vous complaire, bien que ce serment soit gravé dans mon cœur!

— Et vous accepterez toutes les missions que je vous donnerai dans ce but?

— Dussé-je, pour les remplir, y laisser ma tête.

Mon attachement se manifesta alors avec une telle énergie, que Madame, n'en pouvant plus douter, me confia le soin d'une partie de sa correspondance. Elle recevait une multitude de lettres de toutes les parties de la

France, dans lesquelles on lui faisait des offres de service et des promesses de dévouement : parmi ces épîtres je ne puis me refuser à transcrire la suivante, sans y changer un mot, sans même retoucher son orthographe ; elle arriva de la Vendée, de cette terre classique de l'héroïsme et de la fidélité. Cette lettre était d'un simple paysan, ainsi qu'on va le voir :

« Au nom de N. S. J. C. † Vive le Roi

» Madame la duchesse de Berri mere de
» notre Roy Henri cin je vous ecris la présante
» pour vous prevenir que s'il vous pran fanteci
» de venir par ché nous j'ai a part moy quatre
» gaz qui craignent Dieu et qui aiment le Roy
» ce sont mes fis ma bonne princesse tous roya-
» liste come leur pere qui a combatu les blus
» tan qu'il a pu. Nous iron tous cin vous re-
» joindre dies que vous le voudrez mai ne nous
» tirez pas du Bocage d'oprés les ossemens des
» notres et de nos bons pretres dont nous avon
» tan besoin je ne vous fai pas de serman cet
» bon pour ceu daujourduy quant a nous les
» notre sont dans le san vercé pour les Bour-

» bons j'ai ancore quelques vieux Louys non
» des Bonaparte qui son a votre service je vous
» les anvoirez si on ne le mangai pas en route
» mai on dit que des gran seigneurs qui non pa
» su vous defandre veulent vivre a vos depan
» dans le Bocage cet tout le contraire on vous
» y nourrira et on mourra pour vous et pour
» notre bon Roy Henri cin je suis avec mes quatre
» gaz madame et chere princesse le dernier et
» le plus humble et ossy le plus fidele, etc. »

Je tais seulement le nom et l'adresse de ce brave homme.

Cette lecture attendrit profondément Madame ; elle répondit en ces termes :

« Monsieur et fidèle sujet,

» Mon fils votre roi, et sa mère désolée, vous
» remercient de votre amour exprimé avec tant
» de franchise et de vérité. Je n'avais pas be-
» soin de votre assurance pour savoir que nous
» pouvions compter à la vie à la mort sur vous
» et sur vos enfans ; mais à Dieu ne plaise que
» j'accepte vos offres ; je ne vous en ai pas
» moins d'obligation. Tous ceux qui nous ai-

»ment rivalisent de zèle, on les appellera
»quand le moment sera venu. Notre devise
»doit être tout pour la France, avec l'assis-
»tance de Dieu qui se déclare toujours pour
»une bonne cause, surtout lorsqu'elle est
»appuyée par des bras tels que les vôtres.
»Dites dans le Bocage que mon fils ira un
»jour accompagné de sa mère réclamer vos
»services ou vous offrir les siens, et que son
»bonheur sera complet s'il ne coûte pas une
»goutte de sang à la France. Je suis, etc., etc.»

Madame ne montra cette lettre qu'à sa famille; elle regretta beaucoup de ne point avoir caché celle du naïf Vendéen, car on la trouva imbue de jacobinisme, et cela à cause d'une phrase dont il aurait fallu non se plaindre, mais déplorer la trop juste expression. On a peine à la cour, même dans l'exil, à s'accoutumer à la rude franchise de ceux qui ne recueillent de leur dévouement à la royauté que les dangers qui y sont attachés, et la seule satisfaction d'avoir combattu pour elle.

— Jamais, disait M. de Latil, on ne ramènera le peuple à la religion et à l'obéissance envers ses maîtres légitimes, si on ne lui ôte la connaissance des affaires, en abolissant la liberté de la presse.

Madame répliqua que le seul moyen de ne pas rendre la presse nuisible était de réformer tous les abus et de régner selon les lois ; car, dans ce cas, le peuple se rangerait de lui-même autour du trône, et ne se laisserait plus abuser par de fausses théories qui ne prennent leur source que chez ceux qui ont intérêt à les propager.

CHAPITRE V.

Madame lisait dans tous les journaux les articles qui la concernaient. Combien nous fûmes indignés d'apprendre qu'on colportait audacieusement les pamphlets les plus obscènes contre elle, jusque sous le pérystile du Palais-Royal! Hélas! c'était là qu'on colportait jadis aussi les calomnies les plus infâmes contre la plus belle des reines! La Princesse en était profondément affligée; et lorsque nous l'exhortions à la patience, elle s'écriait:

— Je suis de l'avis de notre dévoué serviteur M. de Puymaurin; la calomnie est un charbon qui noircit du moins, lorsqu'il ne brûle pas; la mère de Henri de Béarn doit être respectée dans sa vie privée comme dans sa vie publique; la mienne n'a jamais eu rien de caché; je la livre tout entière à l'examen rigoureux des gens de bien; mais que puis-je opposer à ceux qui me méconnaissent et qui me prêtent des fautes indignes de moi!

On reprochait aussi à Son Altesse Royale d'avoir laissé en France plus de six millions de dettes, lorsqu'elle était à peine en arrière de six à sept cent mille francs. Les agens de Madame firent, en conséquence, insérer dans les journaux qui se respectent la note suivante, que je juge convenable de reproduire ici:

« Plusieurs gazettes ont annoncé que la ga-
» lerie de tableaux de Son Altesse Royale Ma-
» dame la duchesse de Berry allait être mise en
» vente, cette assertion est inexacte; les dettes
» de Son Altesse Royale, que ces mêmes ga-
» zettes portent à six millions, ne s'élèvent pas
» à la douzième partie de cette somme. Ma-
» dame payait chaque mois les dépenses de sa
» maison, sauf celles qui ne se soldaient que
» par quartier. Le mobilier personnel de Son
» Altesse Royale, diamans, bijoux, atours et
» bibliothèques, qui va être vendu, suffira pour
» acquitter les dettes. Quant aux tableaux de
» sa galerie, ils ont été transportés dans celle
» du château de Rosny, propriété que se réserve
» Madame. Tout le monde sait avec quel ordre

» la maison de Son Altesse Royale était tenue.
» En voici la preuve: Les retenues pour les
» pensions exercées sur les employés étaient
» doublées par Madame; cette somme ainsi aug-
» mentée vient d'être rendue à chacun; ils ont
» reçu de plus un mois d'appointemens à titre
» de gratification. Ceux qui savent le bien que
» faisait Son Altesse Royale, l'encouragement
» qu'elle donnait aux artistes, et la protection
» qu'elle accordait à l'industrie, seront surpris
» d'apprendre que tout cela se faisait sur une
» dotation de cent vingt-cinq mille francs par
» mois; aussi est-il vrai de dire que les regrets
» les plus sincères de toutes les classes de la
» société ont suivi Madame dans son exil. »

On ne saurait croire quel plaisir cette simple note causa à Son Altesse Royale, qui tenait tant à la bonne opinion des Français! Quelques regrets ayant été manifestés devant elle sur la vente peu avantageuse de la partie de sa galerie dont elle se défaisait:

— Rassurez-vous, dit-elle; ces tableaux ne m'ayant procuré d'autre satisfaction que celle d'obliger de pauvres artistes en les achetant, j'y renonce sans peine. Il faut que les princes sachent se laisser parfois tromper volontairement, et rendre service en paraissant attacher du prix à l'ouvrage qu'ils acquièrent, bien qu'il soit fort au-dessous de ce qu'ils en donnent.

Madame a toujours suivi cette noble maxime ; elle ne savait pas refuser un artiste malheureux qui se présentait un tableau à la main; et jamais on ne lui reprochera d'avoir eu recours aux lumières d'un connaisseur lorsqu'il s'agissait d'une bonne œuvre.

Les misérables pamphlétaires payés, depuis le mois d'août 1830, pour vomir contre Son Altesse Royale d'infâmes mensonges, n'avaient jamais approché sa demeure; car s'ils avaient pénétré dans ce sanctuaire auguste, ils auraient reconnu que Madame, soumise tout entière au joug de l'étiquette, ne pouvait se former une société intime sans que ses nombreux serviteurs en eussent connaissance. On ne parvenait à son appartement que par le grand vestibule; il n'y avait nulle entrée, nulle issue secrète, car toutes étaient appropriées aux divers services journaliers de la maison de Son Altesse Royale. Jamais elle ne se séparait des dames attachées à sa personne, à moins que ce ne fût pour s'occuper de peinture; car la princesse n'aimait pas seulement les arts en princesse, mais en artiste, en Italienne, passionnée pour le beau.

Ainsi tombent les calomnies qui ne servent qu'à déshonorer leur auteur, sans pouvoir atteindre Madame. Quel reproche sérieux peut-on lui adresser? Qu'a-t-elle fait pour perdre l'amour de la nation? On a rendu justice à ses vertus d'épouse et de mère; on sait qu'elle était bonne fille, bonne sœur, bonne parente, et avec quel zèle elle engagea le duc de Bourbon à choisir pour son héritier un prince de la famille de Louis-Philippe. *J'aime les d'Orléans,* disait-elle, *ce sont de bonnes gens.* Il y a des jours où je ne saurais douter qu'ils lui rendent la même tendresse, et qu'ils le prouveraient dans l'occasion.

Avec quelle générosité Louis-Philippe avait été accueilli par les Bourbons de Naples, lors de son séjour en Sicile! Je puis raconter, à ce sujet, ce que Madame rapporta un jour à Lullworth, devant sa famille rassemblée, et comme le tenant de son père. Mon oncle craignait, dit la princesse, de se montrer à la cour de mon aïeul; mais on alla au-devant de lui, et loin de faire rejaillir sur sa personne les fautes de son père, on le traita en bon parent; il était malheureux, et c'était un titre à la bienveillance de ma famille. Je dois dire aussi qu'il s'en montra fort reconnaissant, et qu'il parut désirer ardemment d'en donner des preuves.

La princesse s'arrêta tout-à-coup, puis elle ajouta :

— Le moment était venu de se montrer sincère !...

Cette réflexion si simple produisit un effet étrange sur l'auditoire; et sans se livrer à des récriminations véhémentes, on déplora que le duc d'Orléans n'eût pas préféré le rôle de Monk à celui de Guillaume.

Les souvenirs de Madame sur ses premières années sont remplis de charmes pour ceux auxquels elle veut bien les décrire. Avec quel feu, quel enthousiasme elle se transporte, en idée, sur les bords de la mer Parthénopéenne! comme elle dépeint ce ciel pur et embrasé, ce Vésuve couronné de sa crête de flamme et d'un dôme de fusées, ces perspectives ravissantes des environs de Naples, cette terre si jeune de végétation et si vieille de souvenirs, où chaque masure est une ruine antique, où chaque creux de rocher est le cratère éteint d'un volcan! Elle vous entraîne avec elle à travers les champs fertiles, les berceaux de myrte et de laurier-rose, sous les guirlandes de la vigne flexible, et à l'ombre des orangers, qui embaument l'air du parfum le plus suave. Là, on se repose à la vue de la maison du Tasse, on aperçoit dans le lointain les colonnades de Pestum, on foule aux pieds la tombe d'Agrippine, et l'on visite le sépulcre de Virgile. Madame met dans ses descriptions d'un site national une telle magie, elle s'exprime à la fois avec tant de simplicité et de chaleur, qu'on se croit réellement transporté aux lieux pittoresques qu'elle dépeint si bien.

Parfois aussi, lorsque, entraînée elle-même, elle s'imagine fouler la terre natale, il lui échappe quelques phrases de la langue maternelle; mais bientôt se reprenant:

— J'ai oublié, dit-elle, l'idiome du Dante et du Tasse; je ne sais, je ne dois plus savoir que celui qu'on parle à Paris, car maintenant je suis Française !

Oh ! qu'il y a de suavité dans ces paroles ! Qu'on aime à voir réunir en elle cette tendresse pour un royaume qui lui a tant coûté de pleurs, et cet amour pour sa nouvelle patrie qui semble s'accroître des rigueurs qu'elle en reçoit ! Si le soleil luit dans tout son éclat, elle nous dit :

— Puissent ses rayons qui dardent sur la France la féconder, et amener l'abondance parmi la nation !

Si nous admirons un produit de l'industrie étrangère,

— On fait bien mieux à Paris ! dit la princesse.

Bien que forcée de se restreindre dans ses dépenses, Madame paie un prix fort élevé les moindres étoffes sorties de nos manufactures ; car elle ne veut être habillée que des tissus fabriqués en France. Madame de Bouillé s'en étonnant un jour, Son Altesse Royale lui répondit :

— Mon cœur a tant besoin de s'identifier avec le pays que nous pleurons, que je veux même à l'extérieur annoncer que je suis un de ses enfans.

Madame élève ses enfans dans les mêmes pensées, et tous les deux répondent dignement à cette éducation. L'histoire de nos aïeux qu'on lui avait laissé un peu trop ignorer, est devenue sa lecture favorite depuis son départ de France. Elle y puise des exemples à suivre, des règles de conduite pour l'avenir, et en fait des extraits qui annoncent la profondeur de son jugement et ce tact exquis innés en elle.

Elle me disait un jour, comme frappée de cette vérité :

— Il paraît que les princes d'Orléans ont été opposés, presque de tout temps, à la branche régnante. Ces noms dans *notre histoire* ne sont pas plus un gage de fidélité, que ceux de Henri et de Berry n'en sont un de bonheur.

Un peu avant cette époque, et dans les premiers jours de septembre, Son Altesse Royale voulut faire une excursion dans le voisinage, et visiter le port de Weymouth. Elle se fit accompagner du comte de Mesnard, dont le dévouement ne se dément point; de sir James Weld, de madame de Bouillé, de quelques autres encore, et enfin de moi, toujours de garde; parce que je représente seul les quatre compagnies, dont on a refusé les services afin de ne point les placer dans une position fausse et contraire à leurs intérêts. Nous étions suivis d'un petit nombre de domestiques; car les exigeances de l'économie nous forçaient d'adopter cette simplicité qui conviendrait à une famille de princes républicains et de monarchie à bon marché.

Madame descendit à l'hôtel de Lead, et le même jour parcourut à pied la ville, le port, les promenades et les environs, prenant un plaisir réel à voir les objets capables de piquer sa curiosité. L'aspect du port couvert de vaisseaux la frappa surtout; il offrait une scène animée qui ne pouvait manquer de fixer son attention. Là des navires déroulaient au soleil leur voile éclatante, se disposant pour un voyage de long cours, tandis que d'autres arrivaient ou s'éloignaient en fendant majestueusement les flots. Madame, qui les suivait du regard avec intérêt, me demanda si, parmi le nombre, il ne se trouvait pas un vaisseau français.

Je lui en montrai un de Marseille. Son Altesse Royale se dirigeant vers lui, me dit :

— Allez, monsieur, annoncer au capitaine la visite d'une dame, curieuse de voir des visages de son pays.

— Sous quel nom dois-je désigner Votre Altesse Royale ?

Elle rêva un instant, puis elle ajouta :

— Sous celui de la baronne de Notre-Dame-de-la-Garde ; un Marseillais comprendra ce que cela veut dire.

En effet, Madame ne se trompait pas : j'eus à peine prononcé ce nom devant le brave capitaine, qu'il devint pâle, ses yeux s'animèrent ; puis jetant son bonnet en l'air, il s'écria :

— Sainte Vierge ! j'aurai donc le bonheur de recevoir sur mon bord la mère de notre...

— La baronne de Notre-Dame-de-la-Garde, dis-je en faisant un geste significatif.

— Morbleu, monsieur, reprit-il, celle-là en vaut bien une autre ; et quand je rentrerai dans mes parages, toute la ville enviera mon bonheur.

Il se retourna alors vers ses matelots, leur adressa la parole en provençal, et, à la joie qui se manifesta sur leur visage, je me doutai que l'incognito de Madame était mal gardé. Elle arriva et fut reçue avec encore plus d'amour et de respect qu'aux jours de sa puissance. C'était à qui l'approcherait de plus près. Les bons marins la couvraient de bénédictions; les uns tombaient à ses genoux, d'autres baisaient le bas de sa robe, tous lui demandaient des nouvelles de son fils, en lui donnant un titre qui sonnait agréablement à son oreille.

Madame, émue et embarrassée, craignait que ces manifestations de royalisme nuisissent à ces fidèles Provençaux; elle le dit au capitaine. Un jeune matelot l'ayant entendue, répliqua d'un ton qui partait du cœur :

— Nous sommes les serviteurs de Notre-Dame-de-la-Garde, et *tron de Diou* on peut en Provence marcher long-temps sans rencontrer un Judas ou un vaurien.

Nous pûmes nous croire en France parmi ces hommes franchement dévoués. Voyant que Madame donnait l'ordre qu'on apportât des rafraîchissemens pour tout l'équipage, ils s'écrièrent d'un commun accord :

—Point d'argent! mais le mouchoir de Notre-Dame-de-la-Garde!

Madame le leur jeta mouillé de ses larmes; en un instant il fut coupé en autant de morceaux qu'il y avait de marins, et chacun cacha sa part dans son sein comme une précieuse relique. Ce fut une scène attendrissante et digne du pinceau de nos jeunes Apelles. J'espère que pour la reproduire quelques uns consentiraient peut-être à laisser reposer les héros de Jemmapes et de Valmy, qui depuis une année ont si souvent renouvelé leurs éternels combats sur la toile.

Madame se retira au milieu des vivats retentissans des fidèles Marseillais, et elle nous dit avec une émotion profonde :

— Je commence à croire que mon fils n'est pas oublié encore.

Le lendemain Son Altesse Royale visita la ville dans tous ses détails. Elle reçut une députation composée du vice-consul de France et de plusieurs habitans de distinction. Cette députation était présidée par M. Joseph Horsford, qui lui présenta sur une feuille de papier doré une requête pour la prier d'assister, avec la royale famille, à une course de chevaux qui devait avoir lieu incessamment. Son Altesse Royale répondit à cette demande, avec cette grâce qui charme tous ceux qui l'entourent.

La princesse repartit le même soir laissant la ville de Weymouth ravie de l'avoir connue. De son côté Madame fut très satisfaite de l'accueil et des égards respectueux dont elle avait été l'objet. Le récit qu'elle en fit donna à madame la Dauphine le désir de faire la même excursion, ce qu'elle effectua presque aussitôt. Cette princesse n'eut qu'à se louer également de la réception qu'on lui fit, et elle inspira dans ce pays, comme partout, la haute vénération qui lui est due à tant de titres.

Plusieurs Français parurent aussi empressés de saluer leurs malheureux princes. Ils furent reçus les premiers jours avec autant de plaisir que de confiance; mais on nous prévint que parmi ces personnes, il se glisserait des mal-intentionnés envers Monseigneur le duc de Bordeaux. Ces rapports causèrent une sorte d'épouvante, et Charles X, afin de ne mécontenter aucun de ceux qui venaient en pélerinage à Lullworth, déclara qu'on n'admettrait plus que les individus connus particulièrement au moins d'une des personnes de sa maison, et encore se réserva-t-il son veto. Cette mesure nécessaire nous rendit à une complète solitude, dont nous nous arrangeâmes assez bien.

Le voyage à Weymouth avait trop plu à Madame pour qu'elle ne voulût pas en faire d'autres. Elle avait l'habitude de prendre chaque année des bains de mer à Dieppe : ils lui étaient devenus nécessaires, et, afin d'y suppléer, elle se décida à partir pour Bath, où se réunit une foule de malades et de gens bien portans, les uns pour recouvrer la santé, les autres pour y chercher des distractions au spleen qui est toujours la maladie anglaise, et dont la réforme, j'en ai peur, ne délivrera pas ce pays.

Madame fut accueillie à Bath avec les prévenances respectueuses qui l'ont suivie dans tous ses voyages depuis son exil, ainsi que les autres membres de la famille royale. Les nobles anglais mettent un orgueil fort louable à faire oublier à nos Bourbons leurs infortunes par la vénération qu'ils leurs témoignent. Les enfans de France suivaient leur mère, qui fut rejointe par madame la Dauphine. Le charme, la noblesse répandus sur toute leur personne et que je comparerais volontiers à une auréole qui révèle leur auguste origine, attirèrent sur eux l'attention générale, ainsi que la vivacité de leurs manières et de leurs reparties.

Suivis de quelques domestiques seulement, et dégagés de toute étiquette, ces deux enfans, espoir de la légitimité, faisaient tous les deux de longues promenades à pied qui fortifiaient leur santé, et les familiarisaient avec la langue anglaise qu'ils possédaient déjà fort bien, car ils causaient volontiers avec ceux qu'ils rencontraient sur leur chemin, et dont la figure leur plaisait. Monseigneur le duc de Bordeaux, qui n'a pas encore pu faire l'expérience des hommes, éprouve toujours de l'entraînement pour une physionomie avenante et ouverte. C'est qu'il ne peut savoir à son âge que souvent la fausseté emprunte le masque de la franchise.

Les enfans des alentours se pressaient toujours en foule sur son passage, enchantés de saluer le *petit roi* (THE LITTLE KING), comme ils l'appelaient, et d'en être salués à leur tour; souvent même une partie de barre s'engageait entre eux, et alors la majesté précoce du prince disparaissait pour faire place à cette familiarité qui règne entre compagnons de jeux. Les deux princesses occupaient le château de Wardour, appartenant au comte d'Arundel, et qu'il avait mis à leur disposition avec autant d'empressement que de respect.

CHAPITRE VI.

Je me promenais dans le jardin avec un des nôtres, lorsque je vis Madame venir à moi; elle semblait irritée, ses yeux étincelaient.

Ah! messieurs, nous dit Son Altesse Royale, croiriez-vous qu'on me prend en France pour une autre Médée? on veut que je tue mon fils, car n'est-ce pas lui ôter la vie que de consentir à sa dégradation?

Ce début véhément nous causa autant d'inquiétude que de surprise; nous demandâmes respectueusement à la princesse, de daigner nous expliquer plus clairement le motif de sa colère.

— Vous allez juger si elle est juste, nous dit-elle. L'ambassadeur a envoyé un de ses émissaires, non pour témoigner le moindre intérêt à notre destinée, mais afin de me proposer à prix d'or une renonciation des droits de mon fils, qu'en ma qualité de mère je ferais en son nom, et d'accord avec les autres membres de la famille. Il n'y a donc plus en France que des agioteurs, que des gens d'affaires, qui traitent l'honneur des races royales comme une spéculation commerciale ? Vendre les droits de Henri de Béarn, recevoir en échange quelques millions! et c'est à moi qu'on ose faire cette infâme proposition !

Madame ne pouvait contenir sa noble indignation de cet excès d'audace ; nous attendions en silence qu'elle nous dévoilât en entier ce qui avait causé ce légitime courroux. Elle nous apprit enfin qu'un agent, muni de pleins pouvoirs, venait d'arriver à Lullworth pour négocier avec la famille royale une renonciation formelle à la couronne de France, et qu'on offrait en retour cinquante millions comptant, et quatre millions de rentes perpétuelles, qui seraient servies dans quelque partie de l'Europe que les princes choisiraient pour y fixer leur résidence. C'était, ainsi que le disait Madame, faire de la royauté une véritable spéculation de banque; jamais il n'en fut de plus honteuse. Peut-on à ce point confondre la générosité et la noblesse, avec ce qu'il y a de plus vil et de plus dégradant! car c'est outrager la vertu, que de lui faire une proposition indigne d'elle. Nous ne cachâmes point à Madame notre indignation, et elle répondit à un propos de M...

— Non! je ne puis supposer que Louis-Philippe ait connaissance de cette honteuse intrigue; lui aussi a des enfans, et il sait trop bien tout ce qu'impose le titre sacré de père, pour croire que je consentirais jamais à échanger l'honneur de mon fils contre un vil métal! Cette indigne pensée n'a pu naître que dans les âmes mercenaires qui trafiquent de l'honneur, qui mettent leur conscience à l'enchère, et l'adjugent au plus offrant; ceux-là seuls osant m'assimiler à eux-mêmes, ont dû croire que j'accepterais leur offre sans rougir, sinon avec reconnaissance, et qu'il ne s'agirait plus ensuite que d'entrer en discussion sur les clauses du marché. Le malheur a donc encore plus d'amertume que je ne lui en supposais, puisqu'il expose à de telles humiliations.

En parlant ainsi, quelques larmes s'échappèrent des yeux de Madame, bien que sa fierté s'efforçât de les retenir, et nous aperçûmes que son cœur était profondément blessé. Lorsqu'elle fut un peu plus calme, elle nous raconta le mouvement généreux qu'avait manifesté Charles X, en écoutant la proposition de l'envoyé de M. de Talleyrand ; car la seule réponse qu'il lui fit, fut de le bannir sur-le-champ de sa présence. L'émissaire confondu avait battu honteusement en retraite, en se plaignant d'un refus non motivé, et disant qu'il était absurde de rejeter une affaire avant d'avoir pris la peine d'en examiner le bon et le mauvais côté.

Madame nous apprit encore que le foyer principal de cette intrigue était à Londres. Oubliant toute prudence, elle témoigna son mépris pour deux ou trois personnages influens, avec toute la véhémence de son amour maternel et de sa noble fierté ; jamais elle ne montra plus de grandeur. Le secret de cette négociation malencontreuse ne fut pas assez bien gardé pour qu'il n'en transpirât quelque chose en France, et je pense qu'on ne sera pas fâché d'avoir des détails sur ce fait important. Je dois faire remarquer qu'à cette époque, M. Laffitte n'était point au ministère ; j'aime à croire même qu'il a été étranger à toute cette intrigue, indigne de son caractère.

On s'occupa ensuite dans la famille royale d'intérêts plus nobles ; ce fut de faire proclamer Henri de Béarn, en vertu de l'abdication de son aïeul et de monseigneur le Dauphin, par les provinces que baignent l'Océan et la Méditerranée. Quelques affidés assuraient que la bonne cause avait dans ce pays une majorité numérique propre à trancher la question au premier signal ; mais on mettait à son exécution les conditions suivantes, que je copie d'après la minute que j'ai sous les yeux :

Art. 1er. La constitution primitive de la France sera rétablie telle qu'elle existait au premier janvier 1789.

Art. II. On rétablira pareillement les provinces dans leurs noms, franchises, immunités et priviléges, en conservant toutefois, pour la facilité de l'administration, les subdivisions départementales.

Art. III. La religion catholique sera proclamée la religion de l'État, et les cultes qui en dérivent seront garantis solennellement dans la plénitude de leur exercice, et salariés par les administrations locales.

Art. iv. La centralisation administrative disparaîtra dans ses différentes branches.

Art. v. La magistrature sera rétablie, autant que possible, telle qu'elle existait avant la première révolution ; elle reprendra positivement ses dénominations anciennes.

Art. vi. On exclura des fonctions de l'intérieur tous ceux qui en ont accepté depuis le 1ᵉʳ août 1830.

Art. vii. Le conseil de régence sera formé par l'élection remise aux soins des états-généraux, convoqués dès que le royaume sera rentré sous la domination de son roi légitime.

Art. viii. Immédiatement après la réintégration de Sa Majesté Henri V, on ouvrira des négociations avec la Sainte-Alliance, pour que la France reprenne ses limites naturelles ; et ces démarches seront appuyées de l'armement de tous les citoyens en état de combattre.

Art. ix. Alger et son territoire seront déclarés partie intégrante de la France.

Art. x. Une loi déclarée fondamentale fixera les droits et les limites de la liberté de la presse, de manière à ce qu'elle ne puisse plus provoquer un bouleversement de l'État, sans néanmoins que la censure puisse jamais être rétablie.

Ces articles furent apportés à Lullworth par deux députés du Midi et de l'Ouest, dont je tairai les noms. Ces hommes, tout dévoués aux Bourbons, ne dissimulèrent pas cependant que, bien que décidés, ainsi que leurs adhérens, à sacrifier leur fortune et leur vie à la nouvelle restauration, ils ne voulaient point la ramener avec les abus précédens. Leur fidélité était austère; elle plut à Madame, et convint également aux autres membres de la famille. On exigeait encore, entre autres conditions, la présence du jeune prince : il fallait que, sous la conduite de son auguste mère, il franchît les Pyrénées pour donner un nouvel élan au courage de ses partisans; il fallait enfin qu'il se montrât avec une suite composée seulement de Français, et qu'on confiât le soin de son éducation à des hommes investis de la confiance nationale. Malheureusement ces dernières demandes ne furent point accueillies avec la même faveur par les divers membres de la famille. L'esprit chevaleresque de Madame et celui de madame la Dauphine trouvèrent tout naturel que de fidèles sujets voulussent avoir avec eux le prince pour lequel ils allaient prendre les armes ; elles ne voyaient par conséquent nul obstacle à ce que Henri de Béarn allât planter sa bannière dans ces contrées d'où son aïeul, Henri-le-Grand, était parti pour reconquérir sur la ligue la couronne de France.

Charles X et M. le Dauphin étaient d'un avis différent. Instruits par l'expérience, ils craignaient que le dernier rejeton de la famille ne tombât dans quelque piége ; que ces projets d'insurrection, si bien préparés sur le papier, ne manquassent leur effet au moment de l'exécution ; ils citaient pour exemple les nombreuses tentatives de ce genre dont on les avait bercés pendant leur première émigration, sans que jamais aucune eût été couronnée de succès dans le Midi. Tout en rendant justice à l'esprit de la Vendée et de la Bretagne, ils croyaient les opinions singulièrement modifiées dans ces provinces. Ils conclurent donc qu'ils ne consentiraient au départ du jeune prince que lorsque la moitié de la France se serait déclarée en sa faveur.

Ce qu'il y a de plus pénible dans une grande infortune, est le manque d'ensemble dans l'opinion de ceux qui la partagent; cette dissidence d'avis amène souvent de fâcheuses divisions, bien que les cœurs restent au fond toujours unis.

Les contrariétés que Madame éprouva dans cette circonstance ajoutèrent encore à son désespoir; son imagination féconde lui faisait voir le succès dès qu'elle se montrerait avec son fils où il était si ardemment souhaité : elle s'attacha à cette idée avec tant de force que lorsqu'elle dut y renoncer, il lui sembla que Henri de Béarn perdait le trône une seconde fois. La chaleur maternelle qu'elle mit à soutenir la demande des Français du Midi et de l'Ouest la fit paraître sans doute sous un jour très avantageux, mais chagrina peut-être ceux qui l'aimaient le plus.

Nous étions environnés d'espions de plusieurs sortes; les uns appartenaient au ministère de la révolution, et les autres au cabinet de Londres, qui, afin de conserver le gouvernement français sous sa dépendance, tenait à garder le jeune prince sur le sol anglais. On sut bientôt les offres que les députés étaient venus faire, et la propension de Madame à les écouter, tandis que les autres princes voulaient remettre à une époque plus éloignée la défense des droits de leur petit-fils et neveu. Cette division vint à point pour permettre aux Anglais de conserver le gage précieux qui leur assurait la soumission de la France, sans avoir recours à un acte direct de violence. On donna des ordres en conséquence à l'agent secret du gouvernement britannique auprès de la famille royale, pour qu'il eût à prévenir quelque coup de tête qu'on soupçonnait.

Ce fut à moi qu'on s'adressa; je semblais être en sous-ordre, et cependant on savait que Madame m'honorait d'une confiance particulière, et se reposait sur moi pour tout ce qui se rattachait aux intérêts de son fils. M. B... vint me trouver dans ma cellule, et là il m'annonça, dans un langage tortueux, que d'après la responsabilité honorable qu'avait prise le gouvernement en accordant en Angleterre un asile aux Bourbons, il s'opposerait à la sortie isolée d'un enfant qui se trouvait sous la tutelle naturelle de son aïeul, tant que la loi n'en aurait pas décidé autrement ; que si le roi Charles X consentait au départ du duc de Bordeaux, personne n'y mettrait obstacle, mais que jusque là on engageait madame la duchesse de Berry à prendre patience.

Bien que je me doutasse à l'avance des intentions du cabinet anglais, je n'en éprouvai pas moins un profond chagrin, en acquérant la certitude qu'il s'opposerait à toute détermination généreuse de Madame. Je tâchai de répliquer dans ce sens à M. B..., qui me dit que le désir de ses supérieurs était de s'entendre toujours avec Charles X, et les autres membres de la famille dans le cas où ils seraient d'accord avec le premier. Nous nous séparâmes, et je fus remplir ma triste mission.

Son Altesse Royale fut singulièrement blessée d'une intervention qui manifestait clairement d'arrière-pensées, peu favorables à l'avenir du jeune prince.

— Je vois, me dit-elle, que l'on veut recommencer contre nous les intrigues de la première révolution. Les puissances étrangères, et surtout l'Angleterre, ont trop à gagner aux divisions de la France pour souffrir qu'on s'occupe d'y mettre un terme : nous sommes dans ses mains une arme en réserve dont elle ne se dessaisira pas de sitôt. Qui doit prendre plus d'intérêt que moi à l'existence de mon fils? cette existence ne fait-elle pas partie de la mienne, et peut-elle être confiée en des mains plus sûres? Non, je ne l'exposerai point en téméraire ; mais je crois que les princes, pour se faire respecter, doivent savoir au besoin affronter le péril ! Henri IV, mon illustre aïeul, ne nous en a-t-il pas lui-même donné l'exemple?

J'écoutais ces paroles avec transport, et je ne crains pas d'avouer que je renouvelai à Madame l'assurance de mon dévouement, quelque chose qu'il lui plût de m'ordonner.

Monseigneur le duc de Bordeaux apprit une partie de ce qui se passait, bien qu'on cherchât à le lui cacher. Un jour qu'il s'amusait à sauter à la corde dans le jardin, me voyant venir de son côté, il m'appela par mon nom de baptême, comme cela lui arrive quelquefois, puis il me dit à demi-voix :

— Mon ami, si tu connais un bon moyen de

me ramener en France pour y joindre ceux qui me demandent, tu peux compter sur moi, j'irais au bout du monde avec ma mère et toi.

Je répondis par un salut, et le prince ne poursuivit pas cette conversation que je cherchai le premier à écarter. J'allai la répéter à Madame, qui en fut enchantée.

— Henri, me dit-elle, lorsqu'il sera grand, ne confiera pas à d'autres le soin de ses affaires; et en cela il me ressemble, car s'il dépend de ma volonté on me trouvera toujours la première en avant.

Les deux députés se décidèrent, enfin, à partir, désolés de n'avoir rien à rapporter de positif à leurs compatriotes. Ils s'en expliquèrent vivement avec M. de D..., qui leur dit qu'il n'en fallait pas moins agir. L'un d'eux lui répliqua :

— Nous sommes maintenant en France comme le dragon à plusieurs têtes de La Fontaine ; aussi ne fait-on que s'entraver réciproquement. Mais quand les têtes seront réduites à une seule, c'est alors que nous ferons merveilles.

— Monsieur, repartit le baron, c'est citer la *mythologie*, lorsqu'il s'agit de l'histoire.

— C'est vrai, monsieur, et cependant l'histoire moderne fournit assez de citations; par exemple, nous y trouvons que l'aïeul de nos princes partit du pied des Pyrénées pour venir régner à Paris....

Ce fut ainsi que se termina la dernière conférence, avec peu de satisfaction des deux côtés. Je tâchai de relever le courage abattu des envoyés, en leur faisant espérer que Madame se rendrait bientôt dans le Midi, et que si son fils ne pouvait d'abord la suivre il viendrait plus tard se réunir à ses fidèles sujets.

CHAPITRE VII.

On pensait généralement que le monarque anglais aurait dû offrir une de ses résidences royales à la famille de France, d'autant mieux que des circonstances particulières ne permettaient pas à Charles X de séjourner à Lullworth. Une demande formelle d'habiter à Edimbourg le palais d'Holy-Rood avait été faite, et la réponse n'était point encore arrivée. Les circonstances ayant décidé Madame à faire, dans l'intérieur du pays, des courses pour causes politiques, on voulait éviter que son départ eût l'air d'une séparation positive, et on négocia de nouveau avec la cour, afin d'obtenir le consentement réclamé.

Ce fut à cette époque, et après la visite que les princesses firent au château de Wardour, qu'on répandit le bruit que la famille royale le louait cent guinées à son propriétaire ; peut-être en fut-il question, mais bien vaguement. On se taisait encore à Londres sur la demande du séjour en Ecosse, lorsqu'un envoyé direct de l'empereur de Russie vint, au nom de son souverain, offrir à leurs majestés un asile dans la partie de ses états qu'il leur conviendrait de choisir, à Varsovie par exemple, où la révolte n'avait pas encore éclaté.

A peine cette offre fut-elle connue, que lord Wellington écrivit à Charles X que Sa Majesté Britannique mettait à sa disposition le château d'Holy-Rood, selon le désir qu'il en avait manifesté. Le monarque accepta, mais provisoirement, le baron de Kinsinger, qu'il avait envoyé en Autriche, lui faisant espérer que sa présence serait bientôt nécessaire sur le continent. C'est ce qu'il fit écrire à son tour en réponse à la lettre du principal ministre.

Pendant ce temps la famille royale faisait diverses excursions dans le voisinage, toujours sous le voile de l'incognito. Charles X et madame la Dauphine ayant désiré voir les villes de Liverpool, Manchester et Sheffield, firent cette course en la compagnie et sous les auspices de Madame, qui voyageait sous le nom de la comtesse de Rosny. Elle était censée accompagnée de la comtesse de Bouillé, dont madame la Dauphine avait pris momentanément le rôle, et du comte de Mesnard qui n'était autre que Charles X. Ce déguisement réussit au mieux, et, à l'exception de Madame, aucun des voyageurs ne fut reconnu.

Je parus dans ce voyage en simple coureur. Quel rôle n'aurais-je point accepté pour témoigner mon dévouement aux augustes exilés ! Charles X et Madame la Dauphine ne tardèrent pas à retourner à Lullworth. Madame, dès ce moment, commença sa vie aventureuse si nécessaire à l'exécution de ses grands desseins. Elle voulut visiter, en débutant, le nord de l'Angleterre, cette partie si pittoresque de l'antique Albion. Quelquefois la beauté du site l'enthousiasmait au point d'adoucir un moment l'amertume de ses souvenirs ; mais qu'ils étaient rares ces instans d'oubli ! Combien de fois, appuyée contre un rocher, ayant un lac à ses pieds, et dominant sur un riche paysage, je croyais toute son attention fixée sur ces rians tableaux, tandis que des intérêts plus graves l'occupaient tout entière ! Ces sites étrangers disparaissaient à ses yeux, son imagination la transportait en France; et souvent une exclamation, échappée à sa pensée secrète, trahissait le regret ou l'espoir qui lui faisait ainsi franchir la mer.

—Non! me dit-elle un jour à ce sujet, je ne puis croire que les Français persistent à rejeter mon Henri! La jeunesse a tant d'attraits qu'on se sent naturellement entraîné vers elle. Ah! si mon fils avait vingt ans révolus! Cependant on se méfie de la régence, bien à tort; car je n'en confierai l'exercice qu'aux hommes que la France elle-même y appellera.

Je dis à Madame que certaines gens prétendaient l'en exclure, et elle me répondit en riant :

— Un *décret impérial* et un *sénatus-consulte* assurent mon droit; il est juste qu'une mère veille avant tout autre à la conservation de son enfant; mais comme je suis déterminée à suivre uniquement l'avis de la majorité, il n'y aurait que des hommes décidément hostiles qui pourraient s'opposer à ce qu'on me laissât le titre de régente. Après tout, si on me le contestait trop ouvertement, j'en référerais à la volonté de la nation ; car, avec elle, je m'entendrai toujours.

Je demandai à Madame comment elle désirerait composer le conseil de régence.

— Je ne puis encore vous le dire, me répondit la princesse, non que je n'aie en vous toute la confiance que vous méritez, mais parce qu'il serait possible que ceux que je désirerais y appeler ne convinssent pas au peuple français. Je veux à l'avance m'interdire tout ce qui aurait l'air de forcer ses suffrages ; car l'expérience m'a appris qu'une royauté ne peut se soutenir solidement qu'appuyée sur le concours de la nation. Oh ! quand je pense que je dormais sur un abîme, dont on cherchait à dérober la profondeur à mes yeux, lorsque mes pressentimens me le révélaient!... Quel réveil, grand Dieu ! et quels affreux souvenirs que ceux qui me reportent à la catastrophe qui enleva en trois jours le trône à mon fils, à ces jours de deuil où, entourés de flatteurs et d'hommes pusillanimes, nous prêtâmes l'oreille à de perfides conseils et à des paroles trompeuses, au lieu d'écouter la voix de la sagesse et l'impulsion de notre cœur !

Combien je regrette aujourd'hui de ne m'être pas présentée avec mon fils aux Parisiens, sans soldats, sans escorte; de n'avoir pas été leur porter des paroles de paix, et les assurer que, désormais, je me dévouais tout entière au bonheur de la France! Mais non, on opposa à ce dessein la conservation de ma dignité, celle de la famille royale; et c'est ainsi qu'on nous perdit, c'est ainsi qu'on nous précipita dans l'infortune, sans faire même un effort pour nous en arracher!

Ces paroles font assez connaître les sentimens de Madame, ses regrets, son désespoir. Qui eût pu voir tant de grandeur, de générosité, sans en être profondément touché, sans tomber à ses pieds?

Le pays que nous parcourions avec Son Altesse Royale dans les comtés du nord attirait son attention. Souvent elle s'arrêtait pour esquisser une vue pittoresque ou un site gracieux. Les habitans du pays la saluaient avec transport dès qu'ils l'avaient devinée. La comtesse de Rosny gagnait tous les cœurs; la bonté peinte sur ses traits, la noblesse et la simplicité de ses manières, sa bienveillance envers tout le monde, et ses paroles remplies de charme, entraînaient vers elle tous ceux qui l'approchaient. Elle recevait aussi les bénédictions des pauvres ; car, dans sa détresse, Madame trouvait encore les moyens de soulager la misère. Sa grande âme savait se mettre à la hauteur de sa position. Cette fille de tant de rois voyageait comme une simple particulière, et cependant elle ne se plaignait pas et ne songeait à son infortune qu'en pensant à son fils.

Il fut question un moment que la princesse habiterait Came-House, château qui appartenait au colonel Dawson-Damer, et qui s'élève non loin de Dorchester ; mais ce projet n'eut pas de suite. Tous les vœux de Madame se portaient sur le continent, où elle désirait rentrer ; elle voulait, ou se rapprocher de la France, ou aller chercher un asile à Naples auprès de son père, dont elle ne croyait pas la mort si prochaine.

Le château de Warwick se trouva sur la route de Son Altesse Royale, qui s'y arrêta pour le visiter ; mais ayant appris que les propriétaires de cette demeure pittoresque en étaient partis récemment, elle refusa d'y entrer pendant leur absence, et se dirigea vers Southam. Ce fut une sorte de désappointement que Son Altesse Royale tourna en plaisanterie.

— Vous voyez, nous dit Madame, qu'on peut reprocher à la fortune ses caprices comme à une jolie femme; car si pareille chose m'était arrivée en France il y a un an, et que tel maréchal ou tel lieutenant-général, qui sont aujourd'hui aux genoux de Louis-Philippe, ne se fussent pas trouvés chez eux pour m'y recevoir, ils se seraient crus obligés de faire une maladie de désespoir, tandis que maintenant ma visite malencontreuse ne fait tort à la santé de personne : c'est du moins pour moi une consolation.

Le ton dont ces paroles furent prononcées n'exprimait aucune amertume; elles excitèrent l'hilarité de madame de Bouillé, ainsi que celle du comte Mesnard qu'il n'était pas facile de faire rire. Madame fut dédommagée à Southam de la petite mystification qu'elle avait reçue à Warwick, par la grâce qu'on mit à l'accueillir; elle en parut fort touchée, et nous dit avec une naïveté charmante :

— Bien que simple particulière, il y a donc en moi quelque chose qui ne repousse pas.

La noblesse anglaise a toujours témoigné, en toute occasion, les égards et le respect que lui inspirait la famille royale. On connaissait le goût de Madame pour les fruits et les fleurs, et à chaque instant elle recevait tout ce que le sol britannique produit en ce genre de plus beau et de plus rare. Ces dons étaient faits avec une délicatesse qui en doublait encore le prix. Il est vrai que, parmi les seigneurs anglais, il s'en trouvait parfois qui se montraient galans à leur manière. Je raconterai à ce sujet qu'un gentilhomme de Warckam vint un jour à Lullworth, et demanda l'honneur d'être admis auprès de Madame ; il insista de manière qu'on ne put lui refuser d'aller prendre les ordres de Son Altesse Royale : ce fut M. de Mesnard qui l'introduisit. Ce seigneur, âgé d'environ soixante ans, était signalé comme le chasseur le plus déterminé de vingt lieues à la ronde ; il avait d'ailleurs un esprit tout négatif, et était d'une taciturnité remarquable.

Dès qu'il fut entré chez Madame, ne faisant même pas attention à la présence de la comtesse de Bouillé, il dit sans préambule à la princesse :

« Madame, vous voyez en moi un Jacobite comme l'était mon père ; c'est une vertu de famille que l'extinction de la race des Stuarts laisse sans objet ; mais je me crois obligé de servir ceux qui leur ressemblent. Ainsi lorsque le roi votre fils voudra reconquérir son royaume, je mets ma bourse à sa disposition ; il pourra tirer sur moi une lettre de change de dix mille livres sterlings : je l'acquitterai à vue ; mais en attendant en voici mille que je vous offre, ainsi qu'à lui, de bon cœur. »

Madame, surprise et touchée à la fois de ce trait de générosité, malgré les formes un peu rudes de ce bon gentilhomme, lui dit, avec une grâce charmante, que si elle refusait son offre dans le moment, elle n'hésiterait pas du moins à recourir à son obligeance dans le cas où elle en aurait besoin plus tard. L'Anglais insista à plusieurs reprises, et ne se retira que lorsqu'il vit l'inutilité de ses prières. Cette anecdote nous amusa beaucoup dans le château; on donna à cet ami des princes malheureux le titre de banquier de Henri V.

On a plus d'une fois fait à Madame des offres semblables depuis son exil, mais elle les a constamment refusées; et plutôt que de rien devoir à l'opulence étrangère, elle a préféré se défaire de ses bijoux et d'objets de prix, lorsqu'elle avait besoin de se créer des ressources pour satisfaire son intarissable générosité.

Le retour de Madame à Lullworth y répandit quelque peu de gaieté : cette demeure en son absence était triste et solitaire. Charles X, M. le Dauphin et madame la duchesse d'Angoulême avaient des habitudes simples et graves; ils remplissaient tous leurs devoirs religieux avec exactitude : la messe le matin, à dix heures des promenades en calèche dans les environs, quelques parties de chasse, un wisk le soir : voilà quel était l'emploi des journées, en y joignant plusieurs heures consacrées à une correspondance très étendue. Nulle des trois augustes personnes ne souhaitait d'autres amusemens. Chacun autour d'eux les imitait, et cette vie régulière était seulement interrompue lorsque Madame paraissait dans le château ; car, afin d'égayer ses enfans et de distraire momentanément ses pénibles inquiétudes, elle imaginait d'innocens passe-temps qui parvenaient parfois à adoucir les regrets des augustes exilés.

Le baron de Kensinger rapporta à cette époque une conversation qu'il avait eue avec le prince de M... Celui-ci, tout en plaignant la famille royale, dit que puisqu'elle avait été chassée de France une troisième fois, et qu'il était peu probable qu'elle y rentrât une quatrième, il ne voyait pas pourquoi son maître, l'empereur d'Autriche, ne réclamerait pas en faveur des droits de son petit-fils.

Le baron se récria à ce propos, et M. de M... répondit que certes, s'il y avait une légitimité acquise, c'était celle du duc de Reichstadt ci-devant roi de Rome, puisqu'elle reposait sur la libre élection de son père, sacré par le pape et reconnu par tous les souverains du monde ; qu'en dernier résultat l'Autriche n'appuierait les prétentions de ce jeune prince que dans le cas où la branche aînée des Bourbons perdrait toute espérance de remonter sur le trône.

Le ton avec lequel il s'exprima donna beaucoup à penser à l'envoyé de Charles X, qui présuma qu'il se formait sous main une intrigue pour ramener en France le fils de Bonaparte. Il s'attacha à la découvrir, et, à l'aide d'un de nos compatriotes domicilié à Vienne, il parvint à savoir que plusieurs personnages de distinction, attachés jadis à Napoléon et une dame célèbre par ses charmes, son esprit et son dévouement, conduisaient cette affaire, dans laquelle prenait parti un grand nombre d'officiers de tous grades et plusieurs lieutenans-généraux français. Le baron sut en outre que le gouvernement de Vienne fournissait des fonds, et que les troupes dont il garnissait alors la Haute-Italie seconderaient le mouvement bonapartiste dès qu'il éclaterait. Le foyer principal de cette faction serait, disait-on, non seulement à Paris, mais encore dans le Dauphiné, le Lyonnais et la Franche-Comté, et qu'enfin le roi de Sardaigne y prêterait son aide, voulant céder ses états au duc de Modène au détriment du prince de Carignan, son héritier désigné par les traités de la Sainte-Alliance.

Ces renseignemens importans furent appuyés de preuves qui semblaient si convaincantes qu'on ne douta plus à Lullworth de leur authenticité. Il y eut un conseil de famille pour délibérer sur ce qu'il convenait de faire. Madame était d'avis de donner connaissance du complot au gouvernement français, qui avait autant d'intérêt à le déjouer que la branche aînée, et qu'il serait peut-être sage également d'en instruire le cabinet de Londres. Cette double mesure fut exécutée; il est bien possible que ce fait soit désavoué par certains personnages que l'on ne croira point sur parole, mais il n'en est pas moins exact.

Le rapport dont je viens de donner l'analyse fournit à la famille royale l'explication de l'empressement que le cabinet autrichien avait mis à lui offrir une retraite dans les états héréditaires, soit en Bohême, soit en Hongrie ou même dans la Lombardie autrichienne. Si les Bourbons eussent accepté cette offre, ils se seraient trouvés au pouvoir de leurs ennemis véritables, et ceux-ci en auraient agi sans doute avec eux comme l'avait fait Bonaparte envers la branche espagnole quand il s'empara d'elle au mépris de tous les traités. Les princes se tinrent pour avertis, et madame la Dauphine cessa de vouloir aller chercher un asile dans le royaume soumis au sceptre de sa famille maternelle.

CHAPITRE VIII.

—

Lors de son voyage à Weymouth, Madame, reconnaissante de l'accueil qu'on lui avait fait, s'était engagée à revenir une seconde fois, accompagnée de ses enfans. Plusieurs personnes de distinction vinrent à plusieurs reprises lui rappeler sa promesse, au nom des habitans. La princesse, que sa propre inclination rendait favorable à cette demande, revint à Weymouth avec le duc de Bordeaux, Mademoiselle, la duchesse de Gontaut, la comtesse de Bouillé, le baron de Damas, le comte de Barbançois, et le reste des personnes qui composaient sa suite modeste.

S. A. R. descendit à l'hôtel de Luer, si agréablement situé, et dont les jardins dominent un immense panorama, qui embrasse la terre à la baie de l'est et de l'ouest. Madame apprécie mieux qu'une autre les beautés de la nature, car elle sent en artiste, et son imagination brillante sait encore ajouter au coloris des plus riches tableaux. Au moment où on rentrait dans l'hôtel, survint le lieutenant Frull, doyen des officiers des gardes écossaises, qui, au nom de sa compagnie, sollicita leurs Altesses Royales de les honorer d'une visite à leurs quartiers. Madame accueillit cette prière avec grâce, et suivit aussitôt l'officier. On lui rendit tous les honneurs militaires, ainsi qu'à Henri de Béarn et à sa noble sœur. Plusieurs symphonies guerrières furent ensuite exécutées, et particulièrement l'air *God save the king*. Les militaires anglais se découvrent toujours pendant qu'on joue les premières mesures de cet air national, car le respect dû à la royauté est chez eux un culte religieux. La princesse remercia les officiers, et laissa aux soldats des marques de sa générosité. En partant, ils la bénirent tous, et lui souhaitèrent une couronne dont elle est si digne.

Le reste de la matinée se passa à visiter le port et la ville. A chaque endroit que nous parcourions, la foule se pressait sur nos pas, avide qu'elle était de voir Madame et Monseigneur le duc de Bordeaux, qui enlevait tous les cœurs par sa gentillesse et sa noble familiarité.

Il m'arriva, pendant ce voyage, un incident que je crois pouvoir consigner dans le volume de mes souvenirs. Nous sortions de l'hôtel....... lorsque je fus coudoyé par un individu dont le mouvement fut si marqué que je ne pus le prendre pour l'effet du hasard. Je me retournai brusquement afin de m'assurer si c'était une offense qu'on prétendait me faire. L'inconnu me fit alors un signal des yeux, et je reconnus en lui un de mes ex-camarades, dévoué comme moi à la famille des Bourbons. Il portait un costume de marin, auquel se mêlait quelque élégance. Je suivis à l'écart M. de C..., et lui prenant le bras :

— Que faites-vous ici, lui dis-je, et en cet équipage ?

— C'est celui de ma profession, me répondit-il avec gaieté ; on m'a refusé du service sur terre, il m'a donc bien fallu en chercher sur mer. En un mot, je suis matelot.

— Vous matelot ! et dans quelle intention ?

— Si vous êtes curieux de le savoir, je vais vous l'apprendre :

— Dès l'embarquement de la famille royale, et après notre licenciement, je me suis rendu dans la Vendée et dans la Bretagne; j'ai visité dans ces pays les châteaux et les chaumières, et j'ai acquis la certitude qu'on serait tout disposé à combattre en faveur de l'opprimé. Mais on veut un chef, un chef de sang royal, peu importe de quel sexe. Ainsi donc, qu'une personne de la famille se mette à notre tête et le soulèvement sera général. On m'a dépêché ici avec de braves royalistes qui sont sous mes ordres ; nous sommes venus sur un bâtiment neutre en apparence, mais qui nous appartient en réalité. Il est prêt à lever l'ancre dès que nous aurons à bord la mère ou le fils, ou madame la Dauphine, ou Monseigneur le duc d'Angoulême, qui a montré tant de vaillance sur les rives de la Drôme ou du Trocadero. Et sitôt qu'on aura foulé le sol de la Bretagne, ce sera comme un vaste incendie qui, de l'Océan, s'étendra jusqu'aux Alpes et à la Méditerranée. Je vous savais ici, et c'est à vous que je voulais d'abord m'adresser, connaissant votre penchant pour toute expédition aventureuse, ce qui m'assurait un auxiliaire auquel je pouvais me confier.

Mon cœur battait avec violence, tandis que mon brave camarade parlait; j'adoptai avec enthousiasme sa proposition si conforme à mes désirs. La présence fortuite de Madame et de son fils à Weymouth me faisait entrevoir la possibilité de l'exécuter : je connaissais les vœux secrets de Son Altesse Royale, sa volonté bien déterminée de tenter la fortune de concert avec des Français, et il me fut impossible de résister au besoin de l'instruire de ce qui se passait. Je contai rapidement à M. C... comment on avait décidé les princes à rester encore long-temps dans l'inaction, projet dont il paraissait difficile de les faire revenir. Je dis que Madame, digne petite-fille de Marie-Thérèse, était capable des plus grandes résolutions. Je vantai la sublimité de son caractère, sa fermeté dans le malheur et sa volonté de tout tenter pour rendre la couronne à son fils, qui déjà annonçait qu'il en serait digne. Je conclus, en promettant de faire part ce jour même à Son Altesse Royale du projet qu'on me proposait, et j'engageai mon ami à ne pas s'éloigner, afin qu'en cas de besoin je le trouvasse sous ma main. Après nous être concertés sur toutes les mesures à prendre, je quittai M. de C..., et me mêlai de nouveau au cortége de Son Altesse Royale.

Mais, à mon vif désespoir, je ne pus trouver le moment de parler à Madame sans témoin, et pendant toute la journée la fortune me fut contraire. Son Altesse Royale ne coucha pas à Weymouth; *c'était une des conditions mises au voyage du duc de Bordeaux.* Je ne pus avant le départ que dire deux mots à M. de C..., et lui promettre de ne pas tarder à lui donner de mes nouvelles.

Madame le lendemain me tira d'embarras, en me faisant appeler pour me donner des ordres relativement à un nouveau voyage qu'elle allait entreprendre dans la direction de Londres, où des intérêts impérieux exigaient sa présence. Je me hâtai de la prévenir de l'arrivée de M. de C... avec ses camarades, et du motif de leur course chevaleresque, ainsi que de la certitude qu'ils avaient de réussir dans leur noble projet, si la famille royale consentait cette fois à descendre dans la lice. Madame m'écouta avec une émotion visible ; son teint s'anima, ses yeux se remplirent de larmes, puis elle me répondit avec vivacité :

—Pourquoi, monsieur, augmenter mes angoisses en venant m'offrir ce qu'il m'est interdit d'accepter? Non, non, malgré le vif désir que j'en ai, je ne foulerai pas encore le sol sacré de la France, ni moi ni mon fils m'auront ce bonheur de long-temps. Si je n'écoutais que notre mutuelle envie, je le prendrais dans mes bras, et je me jetterais dans ce navire sous la protection des braves qui le commandent ; mais encourir le mécontentement de Charles X, la désapprobation de l'Angleterre, le danger d'être peut-être ramenée de vive force si l'on envoyait à notre poursuite ; voilà quelles seraient les suites de cette démarche, voilà ce qui m'empêche de faire ce que je souhaite le plus au monde. Ah! vous ne pouvez savoir tout ce que ce sacrifice me cause de regret et de désespoir !

Je voyais, comme Madame, les difficultés de l'entreprise ; mais il me semblait que plus il y aurait d'obstacles à vaincre, et plus il serait glorieux de réussir. Cependant je me tus par respect pour la volonté de Son Altesse Royale, qui reprit après un instant de silence.

— Non, je ne puis emmener mon fils sans l'aveu de son aïeul; mais moi, qui peut me retenir? Pourquoi n'irais-je pas partager les dangers des hommes intrépides qui se dévouent à notre cause, encourager par ma présence leurs généreux efforts?... Oui, cette idée me sourit; la veuve du duc de Berry, la mère de Henri de Béarn, ne parcourrait pas seule la Bretagne et le Midi, et plus d'un brave viendrait grossir son escorte... La princesse s'arrêta, puis elle ajouta :

— Écoutez-moi bien; pour rien au monde je ne voudrais vous compromettre, mais il faut absolument que je parle de cette affaire en famille. Vous devez paraître l'ignorer; engagez M. de C... à m'écrire directement, je ferai lire sa lettre, et qui sait ce qu'elle produira? Vous avez élevé dans mon âme un violent orage : Dieu veuille que les suites n'amènent rien de fâcheux!

J'obéis à la princesse, et j'allai trouver M. de C..., qui ne balança pas à se soumettre au désir de Madame. Il lui exposa donc dans une lettre détaillée tout le plan de l'entreprise, les chances ou plutôt la certitude de succès qu'il offrait, la force des royalistes qui se composaient des plus influens et des plus dévoués, et enfin tout ce qui pouvait assurer le triomphe, si le ciel se déclarait pour eux. Dès que Son Altesse Royale eut décacheté la missive de M. dé C..., elle la porta à Charles X, qui était dans le salon avec M. le Dauphin et madame la Dauphine. Cette lecture produisit l'effet que j'en attendais; le monarque, qui ne peut se représenter de sang-froid les conséquences d'une guerre civile, et qui ne voit dans des soulèvemens partiels que des démonstrations impuissantes, se fit un scrupule d'y donner son consentement, et plus encore de les autoriser par la présence d'un membre de sa famille. La résignation religieuse de son noble fils ne lui permit pas également d'avoir d'autre opinion que celle de son père.

Cependant madame la Dauphine, après avoir écouté les raisons qu'alléguaient les princes pour empêcher le départ, sinon de monseigneur le duc de Bordeaux, du moins de Madame, prit la parole à son tour, et réclama pour elle le droit de relever l'étendard royal dans les provinces qui voudraient se ranger sous son ombre légitime; elle dit qu'accoutumée dès sa jeunesse à une vie errante et agitée, elle la reprendrait sans peine dans l'intérêt de la monarchie; qu'elle n'était point étrangère à la Vendée, à la Guienne, au Languedoc et à la Provence; que sa seule vue réveillerait l'ardeur des fidèles de ces contrées, et qu'en marchant sous la protection des saints de sa famille qui du haut du ciel veilleraient sur elle, la victoire lui semblait certaine.

Madame me dit que son auguste belle-sœur déploya un caractère sublime dans cette circonstance; qu'elle s'énonça avec une chaleur et une véhémence qui devaient triompher, si la volonté de Charles X, appuyée sur de graves motifs de prudence, ne s'y fût opposée. On convint donc, à la grande douleur des deux princesses, qu'on ne donnerait aucune suite à la mission que mon ancien camarade était venu remplir; on consentait cependant à lui accorder une audience, mais à condition que lui et les siens retourneraient immédiatement en France.

Madame sortit le cœur navré; elle me dit, les yeux baignés de larmes, qu'elle ne pouvait voir M. de C... en particulier, ainsi qu'il en avait témoigné le désir.

— Je dois, ajouta-t-elle, consommer le sacrifice qu'on exige de moi; il me serait d'ailleurs trop pénible d'avoir à repousser des instances que je brûlerais d'exaucer.

M. de C... vint à Lullworth. L'accueil qu'on lui fit, bien qu'au-dessus de son attente, le dédommagea faiblement du refus qui l'accompagna. Madame se taisait par résignation; mais madame la Dauphine ne put s'empêcher de lui dire :

— Monsieur, assurez les royalistes que si je ne me rends pas à leurs vœux, c'est parce que je n'en ai point la liberté; et dites-leur aussi que, quoique éloignée, mon cœur est toujours resté en France.

Charles X montra, dans cette circonstance, autant de noblesse que de grandeur d'âme. On voyait qu'il faisait un violent effort sur lui-même pour maîtriser son émotion. C'était un monarque qui immolait ses espérances à la tranquillité de ses anciens sujets. M. de C..., profondément touché, se jeta aux pieds des nobles exilés, et Charles X le releva en l'embrassant.

— Voilà une faveur qui me coûtera la vie, me dit M. de C... en sortant, car il me sera impossible de ne pas l'exposer pour ceux qui me traitent ainsi !

Je l'accompagnai jusqu'à Weymouth, où je passai avec lui et ses compagnons une demi-journée. Nous nous quittâmes en nous promettant de nous revoir là où notre présence serait le plus utile à nos maîtres.

A mon retour à Lullworth, je remarquai qu'on entourait Henri de Béarn d'une surveillance particulière, ce qui me fit supposer que Charles X avait parlé, et qu'en conséquence on outrepassait ses ordres. Il y a des gens qui ont une façon étrange de prouver leur fidélité. On ne se relâcha de cette surveillance inutile que lorsqu'on sut positivement que le navire royaliste était sorti du port. Ah ! si l'on m'eût écouté, il n'eût mis à la voile que chargé de la fortune de la France.

CHAPITRE IX.

Le moment approchait où Madame devait se séparer du reste de la famille, ainsi qu'il était convenu entre ses membres. Les princes et madame la Dauphine se rendaient à Edimbourg pour y habiter le palais d'Holy-Rood jusqu'à des temps plus heureux, tandis que Madame irait à Londres soutenir les intérêts de son fils. Mon respect m'interdit d'entrer dans des détails, qui feraient ressortir admirablement le beau caractère de Son Altesse Royale. Il est des voiles qu'il n'est pas temps encore de soulever.

Madame, dès le jour où son fils fut proclamé roi par l'abdication volontaire de Charles X et de Sa Majesté Louis-Antoine, l'a regardé comme l'unique et véritable roi de France; elle ne conçoit donc pas que ceux qui l'entourent n'attachent pas la même importance et ne vouent pas le même culte à cette royauté à laquelle elle a juré de consacrer sa vie.

Madame est mère, et, à ce titre, nul ne peut la blâmer; car il serait injuste de forcer Son Altesse Royale à approuver qu'on ait dépossédé son fils de ce qu'elle regarde comme ses droits et son héritage légitimes. Elle ne pouvait donc, avec de tels sentimens, rester isolée au fond de l'Écosse, loin de ses amis et de sa propre famille. L'empressement du cabinet anglais à reconnaître le nouveau gouvernement français ne lui faisait pas espérer qu'il prît grand intérêt aux princes fugitifs, auxquels il n'avait semblé accorder un asile qu'à regret.

Ce furent les principaux motifs qui la déterminèrent à se séparer de la famille royale et de ses enfans, soutenue par la pensée qu'elle allait travailler à leur avenir. Cependant, que de larmes lui coûta cette résolution! Combien son cœur en fut déchiré! Je ne décrirai pas le moment du départ où son amour maternel triompha de sa fermeté. Monseigneur le duc

de Bordeaux ne pouvait se dégager de ses bras.
Le jeune prince semblait déjà sentir que le
malheur lui rendait plus nécessaire la protection de sa mère, et son âme se brisait à
l'idée de la voir s'éloigner.

Mademoiselle aurait voulu suivre sa mère,
prétendant que connaissant mieux le roi son
frère que personne au monde, elle saurait
mieux que personne en parler à tous ceux
qu'elle rencontrerait, pour les forcer de l'aimer autant qu'elle l'aimait elle-même.

La famille royale voyagea séparément; les
enfans de France s'embarquèrent à Pool. M. le
Dauphin et madame la Dauphine, voulant
parcourir les parties les plus remarquables du
pays, ne se rendirent pas directement au lieu
de leur destination; quant à Madame, elle suivit la route jusqu'à Londres, sans s'arrêter,
dans la compagnie de la marquise de Bouillé,
et du comte de Mesnard. Son A. R. m'avait
chargé d'accompagner ses enfans ; mais la
veille du depart commun, le baron de Damas
me prit à part, et me dit que, d'après de nouveaux arrangemens, il avait été décidé qu'au

lieu d'aller à Édimbourg, je suivrais Madame à Londres.

Il ne pouvait rien m'apprendre qui me fît plus de plaisir, car je n'allais à Holy-Rood qu'à contre-cœur. Mes journées s'y seraient passées à rêver aux périls dont était menacée la princesse, tandis qu'auprès d'elle, en les partageant, je pouvais être à même d'en écarter au moins quelques uns. Je ne cherchai donc pas à découvrir les motifs de cette nouvelle disposition, et me contentai de répondre à M. de Damas que je n'avais pas d'autre volonté que celle de la famille royale, et que j'étais prêt à lui obéir. J'ai su depuis pourquoi on n'avait pas voulu m'emmener en Écosse, et peut-être le dirai-je plus tard; car, en faisant connaître la vérité, je n'ai pas à craindre de montrer Madame sous un jour moins favorable. Ma joie diminua quand j'appris que je ne ferais point partie de l'escorte de S. A. R. Je fus chargé de la devancer, et d'aller préparer les logemens. J'avoue que cette fois je n'eus qu'une obéissance forcée; c'était la première fois, depuis notre exil, que je quittais pour plusieurs jours la princesse.

Ce n'était pas sans retour que Madame se séparait de sa famille; elle devait la revoir à Édimbourg, avant de quitter l'Angleterre; il lui eût été trop pénible d'abandonner ainsi ses enfans; un attrait irrésistible la ramènerait encore vers le lieu qu'ils habitaient. Son Altesse Royale désirait s'entendre avec le comte de Ludolph, ambassadeur du roi de Naples auprès de Sa Majesté Britannique. Ce seigneur, tout dévoué à son maître, s'était empressé de venir rendre hommage aux Bourbons de la branche aînée, dès leur arrivée à Lullworth; il facilitait leur correspondance avec zèle, et plus tard il leur offrit au nom du roi de Naples, non seulement un asile dans ses états, mais encore le secours que leur position pouvait leur rendre nécessaire; on avait été très satisfait du comte, et Madame comptait beaucoup sur ses conseils et sur son habileté diplomatique.

Son Altesse Royale devait également rencontrer à Londres deux des anciens ministres de Charles X, les barons d'Haussez et Capelle, serviteurs éprouvés par le malheur. Le monarque les désigna à Madame, pour les admettre dans le conseil qu'elle réunirait quelquefois. On aurait bien désiré que M. de Montbel se joignit à eux, mais il quittait à peine la France à cette époque, pour se rendre en Autriche, où de graves intérêts l'appelaient. M. de Montbel est un de ces hommes vertueux de nos temps modernes, qui joignent à un grand dévouement pour leur roi, l'amour le plus pur et le plus désintéressé pour la patrie; il a droit, à tous égards, à l'estime et à la reconnaissance de ses compatriotes, qui s'honoreront en le rappelant parmi eux.

Je puis assurer que depuis son séjour en Autriche, il a constamment répondu aux questions formelles de ceux qui s'intéressaient à la rentrée des Bourbons, que jamais la famille royale ne consentirait à une troisième restauration, faite à main armée; que quant à lui, plutôt que de signer un traité qui ramènerait les étrangers dans son pays, il aimerait mieux faire le plus grand des sacrifices, celui de rester éternellement séparé de la France, de sa famille, et des amis qui lui sont chers à tant de titres. Il a déjà déjoué par sa fermeté plus d'une trame contre les vrais intérêts de sa patrie.

CHAPITRE X.

Dès mon arrivée à Londres, je vis fondre sur moi une nuée de personnes, composée de royalistes sincèrement dévoués, de gens qui faisaient métier de l'être, de chevaliers d'industrie, exploitant le sentiment, d'espions de tous genres, de curieux ; en un mot, ce fut une attaque générale, contre laquelle ma défiance faillit être en défaut; car, fort novice dans ce combat d'une nouvelle espèce, je me trouvais très embarrassé sur la manière de dresser mes batteries. Il semblait que je dusse connaître et divulguer tous les secrets des princes français. Je ne savais plus auquel entendre, au milieu des questions, des conjectures, des protestations dont j'étais assailli de toutes parts ; à chaque pas que je faisais, j'avais un piége à éviter. Il me vint quatre ou cinq amis du prince de Talleyrand, et par conséquent de tout le monde, qui me firent des offres de service, que d'autres, sans doute, auraient payées bien cher; mais je les remerciai avec une sincérité égale à la leur, et je cherchai à les évincer le plus poliment possible, sans néanmoins y réussir complètement; car lorsque ces braves étaient contraints de sortir par une porte, ils rentraient par une autre sous un nouveau masque, mais qui ne les empêchait pas d'être toujours eux-mêmes.

Ces messieurs semblaient surtout porter une affection particulière à Henri de Béarn, ils montraient une touchante sollicitude pour sa santé, s'informaient s'il viendrait à Londres et s'il ne ferait pas un tour sur le continent. Ils auraient désiré savoir aussi quelles personnes en France correspondaient avec la famille proscrite, dans quelle ville du royaume celle-ci se flattait d'avoir un plus grand nombre de partisans, et de qui elle recevait des fonds. C'était pousser à l'excès l'intérêt envers les princes; et comme je savais l'apprécier à sa juste valeur, j'y répondais en conséquence.

Un jour que j'étais entré chez une marchande qui avait en dépôt plusieurs objets précieux dont Madame voulait se défaire, je vis arriver subitement un gentilhomme moins solide sur ses jambes que remarquable par son esprit, qui venait *par hasard* acheter quelques curiosités. Il parut surpris de me voir et me reconnut tout d'abord, bien qu'il me vît probablement pour la première fois. Ce personnage vint à moi les bras ouverts, et je crois même qu'il m'aurait embrassé, comme l'hôte de Penaflor embrassa le pauvre Gil Blas, pour peu que je m'y fusse prêté; mais comme je crains fort les baisers de Judas, je fis un demi-tour à droite qui m'évita l'accolade. Cependant le gentilhomme n'eut pas l'air d'y faire attention, et me prenant la main, il la secoua à la manière anglaise.

— Mon cher monsieur, me dit-il, je rends grâce à ma bonne étoile qui me fait vous rencontrer au moment que je m'y attendais le moins. Il m'est doux de pouvoir vous complimenter sur votre fidélité. C'est une vertu bien rare aujourd'hui.

J'avoue que ces paroles, dans la bouche de ce personnage, me confondirent à tel point que, ne sachant comment y répondre, je gardai le silence. Il ajouta :

— Ne songez-vous pas à faire un voyage en France?

— Non, monsieur, répliquai-je; je ne veux point y rentrer seul.

— Hélas! que de chagrin m'ont causé les derniers évènemens! Au lieu de me croire, on m'a mis de côté, et la catastrophe s'en est suivie. Assurez madame la duchesse de Berry de mon profond respect et de mon sincère attachement.

— Osera-t-elle y croire, monsieur? Le rôle que vous jouez ici...

— Eh! mon Dieu, mon cher ami, doit-on s'étonner qu'un homme habitué au mouvement ne puisse rester dans l'inaction? D'ailleurs, ai-je jamais refusé mon aide à tout gouvernement qui débute, quitte à faire ensuite des ingrats? Je ne renonce point à la partie le premier, mais si l'on m'abandonne, je crois alors pouvoir agir à ma guise. Et le noble enfant que devient-il?

— La Providence veille sur lui.

— La Providence! c'est fort bien, mais il

n'y aurait peut-être pas de mal d'y joindre un conseil de gens habiles. Ce sera à sa famille à les bien choisir... Tenez, monsieur, vous êtes un homme d'honneur, et je veux vous parler à cœur ouvert, fournissez-moi le moyen de vous être utile, et je le saisirai avec empressement.

—Si telle est vraiment votre intention, monsieur, vous trouverez mieux ce moyen que personne.

— Je ne l'espère pas sans votre aide; car je pourrais, dans mon ignorance, agir d'une manière contraire à la volonté de ceux que vous servez. Mais détrompez Madame sur mon compte; on m'a indignement calomnié auprès d'elle, et je voudrais qu'elle sût que je ne travaille contre les intérêts de personne, mais uniquement dans ceux de la couronne de France; que mon but est de la conserver intacte des ambitions étrangères ; et Son Altesse Royale doit m'en savoir gré, car elle aussi est Française, et ne veut que le bien de son pays. Rappelez-lui que j'ai donné deux fois en un an cette couronne à sa famille, et que maintenant j'empêche qu'elle soit mise sur la tête du duc de Reichstadt ou transformée en bonnet rouge, ce qui est par le fait la conserver à qui de droit, puisque le but est toujours le même. D'ailleurs, ajouta-t-il, il vaut mieux avoir affaire à ceux de son sang qu'à des étrangers.

Il mit une chaleur si plaisante dans ce discours, que je ne pus m'empêcher de lui demander en riant s'il avait quelque proposition à faire de la part des personnes qui l'employaient.

— Je ne propose rien, repartit-il, je parle en homme qui voit les choses sans illusion; mais, je vous le répète, procurez-moi la satisfaction de vous obliger, vous ou vos amis, et je vous prouverai que mes offres ne sont point vaines. Ne me jugez pas surtout d'après la réputation qu'on m'a faite, car dans ce monde ce sont les aveugles qui se piquent de connaître le mieux les couleurs.

— Oserai-je, monsieur, vous demander quelle est la vôtre?

— Osez! me dit-il d'un ton gai en faisant allusion à un jeu de société bien connu. Cette ruse, qui lui permettait d'éluder la question sans avoir l'air de la craindre, fut pour moi une nouvelle preuve de l'habileté du personnage ; néanmoins je ne crus pas devoir profiter de la permission, et je me tus. Il se mit alors à examiner les objets d'arts placés en diverses parties de la salle, en désigna trois ou quatre, qui étaient justement ceux que Madame avait envoyés ; puis ayant fait appeler le marchand, il les lui paya sans aucune réflexion sur le prix, et se tournant vers moi :

— Monsieur, me dit-il, ce seront de précieux souvenirs ! Adieu, rappelez-vous que je suis tout à votre service et à celui de vos amis.

Il partit, et me laissa confondu de son aisance, de son audace, et de l'art avec lequel il avait cherché à m'enlacer dans ses rets, ou peut-être à me compromettre envers la famille royale, s'il ne parvenait pas à me gagner. Je crus que mon devoir m'ordonnait de faire part à Madame de cette rencontre imprévue, du moins de mon côté, et dès son arrivée je lui racontai tout ce qui s'était passé avec l'homme aux services, sans lui dissimuler la crainte que j'avais de perdre quelque chose de sa confiance par suite de l'entrevue à laquelle je n'avais pu me soustraire.

—Tranquillisez-vous, me répondit Madame, votre fidelité m'est trop connue pour que j'en puisse jamais douter; d'ailleurs, je sais par cœur le pèlerin, il a passé sa vie à négocier, et il fait métier de tromper ceux qu'il prétend vouloir servir : aussi va-t-il frapper dans cette intention à toutes les portes. Je reçois dans le moment une lettre de Vienne, dans laquelle on me mande qu'il a dans cette ville un agent qui travaille à affaiblir les impressions fâcheuses que le duc de Reichstadt pourrait avoir contre lui. — L'explication en resta là.

Madame reçut successivement les hommages de tout le corps diplomatique ; le ministère anglais vint lui rendre ses devoirs ; chacun de ses membres, à l'exception de lord Wellington, se présenta devant Son Altesse Royale, en s'excusant d'avoir abandonné en apparence la cause des Bourbons ; ils prétendirent que toute autre conduite leur avait été impossible, attendu l'assentiment formel que le peuple anglais avait donné à la révolution; et ils démontrèrent le danger de braver la nation sur ce point au moment où ils avaient à lutter contre la réforme parlementaire, qui touchait de plus près aux intérêts du royaume.

Lord Wellington était dans une situation critique, et ne le dissimulait pas. Madame écouta ses explications et les accueillit avec dignité ; mais elle dit cependant que la cause de tous les souverains étant celle du roi Guillaume IV, il ne pouvait laisser renverser le trône d'un autre sans craindre que le sien n'en reçût le contre-coup. Elle lui montra la Belgique chassant son monarque à l'exemple de la France, ainsi que plusieurs états d'Allemagne qui agissaient sous la même impulsion révolutionnaire ; enfin, la princesse parla au ministre avec autant de sagacité que de chaleur, et le noble lord se retira plus satisfait de Son Altesse Royale que de lui-même.

Madame, dans sa générosité, s'abstint de reprocher au duc la conduite personnelle du roi d'Angleterre envers ses hôtes augustes et malheureux, auxquels il n'avait pas même fait une visite. Il y avait, dans cet oubli des égards dus à l'infortune, quelque chose de contraire à la majesté du trône, qui choquait les Anglais eux-mêmes. J'en ai entendu plusieurs dire à ce sujet : Il vaudrait mieux repousser celui qui nous demande asile que de lui laisser voir que nous le recevons à contre-cœur.

Ce dédain envers le malheur, ce sacrifice à la susceptibilité étrangère ou cette sécheresse d'âme qui rend indifférent aux souffrances qu'on ne ressent pas, affectaient péniblement la noble famille. Elle se rappelait que ce n'était pas ainsi qu'avaient été reçus jadis en France les monarques qui étaient venus y chercher un refuge contre des sujets rebelles.

Guillaume IV n'était pas néanmoins sans quelque prétention à la galanterie chevaleresque. Sa santé avait pu lui fournir un prétexte pour ne point s'éloigner de Londres ; mais Madame étant dans cette ville, comment éviter de lui rendre les respects qui lui sont dus ? On se trouva dans un étrange embarras, l'ambassadeur de France intriguant de son côté pour empêcher que Son Altesse Royale obtînt du roi des marques de déférence particulières. Mais je reviendrai plus tard sur ce fait.

Madame, plus que moi encore qui n'étais qu'un atôme dans l'espace, fut environnée d'une foule importune. Sa sagacité démêla aisément dans le nombre les personnes qu'un intérêt véritable rapprochait d'elle. Il y en eut beaucoup. Combien de Français vinrent déposer à ses pieds leur fidélité, et jurer de soutenir les droits de son fils ! Il serait trop long de citer les noms de ceux qui fournirent la preuve non équivoque de leur dévouement à la famille royale. Madame se concerta avec les conseillers que Charles X lui avait désignés; elle reçut de vives manifestations d'intérêt de la part des rois d'Espagne et de Portugal, qui leur firent donner l'assurance par leurs ambassadeurs que jamais ils ne se sépareraient de la cause des Bourbons. Le roi Ferdinand VII protestait, en son nom, en faveur des droits de la branche aînée ; car en cas qu'elle vînt à manquer d'héritier, il réclamait la couronne de France comme successeur légitime en vertu de sa descendance directe de Louis XIV, tandis que la maison d'Orléans ne provient que d'un frère de ce grand roi.

Madame, touchée de ces marques d'affection, y répondit avec toute la grâce qui la distingue, et elle y trouva de grandes consolations en voyant que la cause de son fils n'était pas complètement abandonnée. Son Altesse Royale recevait chaque jour des nouvelles de ses enfans. J'étais moi-même en correspondance avec une personne attachée au service de Monseigneur le duc de Bordeaux, et je transmettais en France quelques documens à l'égard de ce prince dont certains journaux faisaient leur profit.

Je sus que les habitans d'Édimboug avaient reçu la famille royale avec une respectueuse considération. Mais comme ils connaissaient déjà Charles X, leur attention se portait particulièrement sur Henri de Béarn, dont ils admiraient la grâce et l'agilité quand il s'amusait à franchir les degrés extérieurs de la porte d'Holy-Rood, laissant presque toujours bien loin derrière lui, les enfans de son âge, qui venaient, non pour lui faire la cour, car on ne la fait guère à des exilés, mais pour partager ses jeux.

Il poursuivait en même temps ses études interrompues par tant de vicissitudes, et y apportait une grande application.

—Il faut bien, disait-il, que je devienne savant, puisque je ne pourrai plus désormais m'appuyer que sur moi-même.

Il dit encore dans une autre occasion :

— Je mourrais de honte si je rencontrais un Français de mon âge qui en sût plus que moi ; d'ailleurs, je veux battre mes cousins de toute manière.

Ces détails charmaient Madame ; elle apprenait aussi, avec une vive satisfaction, que Mademoiselle était digne en tout de son père, et que la vivacité de son esprit lui dictait chaque jour de nouvelles saillies.

Charles X avait retrouvé à Holy-Rood d'anciens amis, qui lui avaient tenu compagnie assidue pendant son premier exil, le comte et la comtesse de Wemys. Il leur avait dit en les abordant : Auriez-vous jamais cru que je viendrais vous revoir à Édimbourg ? Dieu l'a voulu, il faut se soumettre à sa volonté.

Ce prince, dont la résignation ne se démentait pas, était seul encore avec ses petits-enfans, le duc et la duchesse d'Angoulême n'ayant pas achevé leur voyage.

Parmi les journaux français que nous recevions, le *Temps* nous apprit un jour l'anecdote suivante, que je transcris afin d'y répondre et de l'éclaircir :

« La politique a souvent attristé l'Opéra;
» l'Opéra se venge dignement aujourd'hui en
» égayant la politique. Écoutez : Un beau che-
» valier a suivi la famille proscrite ; une jolie
» nymphe a volé sur les pas de l'Endymion,
» comme la gracieuse Taglioni sur ceux de Nour-
» rit. Elle arrive à Londres, il n'y est plus; elle
» court à Lullworth, elle le cherche partout, de
» degrés en degrés, de corridors en corridors; ar-
» dente à suivre l'objet de ses vœux, celui de son
» voyage, rien ne l'arrête. Enfin elle rencontre...
» Devinez qui... Un jésuite?... Non, ils se
» sont réfugiés à Fribourg. Un Suisse?... Non,
» ils sont allés chercher querelle aux jésuites
» pour avoir ramené presque un dix août.
» Un royaliste?... Non, car on ne sait où en
» trouver... Elle rencontre...; vous ne devinez
» pas?... Mais on pouvait s'y attendre... Cher-
» chez bien dans la liste des personnages mar-
» quans partis nouvellement pour Londres!...
» Vous y êtes. Illusion, dites-vous, préoccu-
» pation de l'amour aveugle, qui, dans son
» impatience, rêve la *diplomatie boiteuse!* Point;
» mademoiselle B... jure qu'elle l'a vu, bien
» vu, presque touché ; pour être plus sûre,

»elle a questionné, et on lui a répondu :
»Mais vous savez bien que nous avons un
»acte d'abdication à régler. »

Il y a dans ce récit autant d'extravagances que de mots. Que mademoiselle B... soit venue à Londres, c'est ce que je ne prétends point contester ; mais je nie qu'elle ait visité Lullworth. Peut-on supposer qu'une créature de cette espèce aurait eu accès dans cette demeure sacrée, qu'on lui aurait permis d'en explorer librement l'intérieur à titre d'Ariane abandonnée? Le service de la maison se faisait avec trop de dignité pour cela, et personne de nous ne se serait prêté à une telle inconvenance, lorsque nous ne nous serions pas même permis d'introduire dans le château notre meilleur ami sans en prévenir qui de droit, tant était grand le respect que nous portions tous à la royauté malheureuse. On ne peut donc ajouter aucune foi à cette fable, qui ne sert qu'à montrer sous un jour peu favorable, ceux qui l'ont inventée.

Quant au prince de Talleyrand, désigné si clairement par l'épithète de *diplomatie boiteuse*, lui non plus n'a point approché de Lullworth. Je suis même certain que, s'il l'eût tenté, il eût trouvé portes closes. Les Bourbons savent ce qu'ils se doivent, et n'auront jamais des relations avec les ambassadeurs de leurs ennemis; le prince lui-même ne serait venu qu'à bonne enseigne et autorisé par celui qu'il représente. Je sais qu'il a essayé de négocier une triple abdication, afin d'établir la quasi-légitimité sur des bases plus positives; mais je sais aussi que cette proposition a été rejetée comme elle devait l'être.

Tandis que Madame allait à Londres, le duc de Blacas traversait la Manche pour se rendre à Naples, avec la mission de voir les souverains des divers états dans lesquels il passerait. Le duc, auquel on n'a pas rendu justice en ne le jugeant que d'après sa conduite de 1815, a montré un vrai talent diplomatique, et un dévouement sans bornes aux princes dont il avait reçu des bienfaits; il s'est empressé de les suivre dans l'exil, et de mettre à leur disposition la fortune qu'il leur devait. C'est un de ces hommes qu'on calomnie plus facilement qu'on ne les imite.

Il était chargé par Charles X, dont il avait

reçu pleins pouvoirs, de diriger la politique extérieure de concert avec le baron Capelle, son correspondant à Londres. Madame me disait en parlant de lui :

— M. de Blacas a d'autant plus de mérite à se conduire comme il fait, qu'il n'ignore pas que, si Dieu nous ramène en France, il ne pourra y rentrer avec nous. Il est du petit nombre des serviteurs fidèles dont nous serons forcés de faire le sacrifice à l'injuste méfiance que la majorité de leurs concitoyens conservent contre eux.

En effet, les Bourbons sachant ce qu'ils doivent aux exigences du peuple, s'immoleront eux-mêmes en restant en partie chez l'étranger, afin d'éviter tout ce qui pourrait donner des inquiétudes à la nation et troubler la paix intérieure du royaume. Je crains que cette résolution sublime n'engage le roi Charles X et monseigneur le Dauphin à terminer leur carrière loin de leur patrie.

On ne tarda pas à recevoir des nouvelles satisfaisantes des négociations du duc de Blacas. Le roi de Hollande surtout se conduisit à merveille ; sa cause d'ailleurs est celle de notre famille bien-aimée. Il assura le duc qu'on pouvait compter sur lui, et qu'il ne poserait les armes que lorsque l'Europe serait pacifiée, et rentrée sous le sceptre paternel de ses souverains légitimes. Les rois de Bavière et de Sardaigne tinrent le même langage ; mais ils remirent à un peu plus tard à seconder les efforts qui seraient tentés ailleurs. La révolte de la Pologne vint renverser ces projets.

CHAPITRE XI.

M. Capelle arriva en Angleterre, où nous l'attendions avec impatience; il raconta à Madame son Odyssée depuis le moment où il avait quitté la famille royale après les trois journées, et après avoir refusé de la livrer comme on le lui proposait, ainsi qu'à ses collègues. M. Capelle s'éloigna avec M. de Montbel; ils errèrent d'abord à l'aventure, rencontrant des gens fidèles qui ne craignirent pas de se compromettre en leur donnant asile. Cependant ils crurent en se séparant échapper plus facilement à la poursuite de leurs ennemis : M. de Montbel alla à Paris, où il resta caché quelque temps.

M. Capelle, se confiant à un ami, fut conduit chez une personne tierce qui le connaissait très imparfaitement; il y demeura deux semaines environ, et c'est là qu'il apprit l'arrestation de quatre de ses collègues.

Se trouvant un jour derrière une croisée ouverte qui donnait sur un jardin de la maison où il était caché, il entendit un jeune paysan dire à un camarade : Je sais où il est, il faut nous entendre avec le garde champêtre, et nous ferons un bon coup si nous parvenons à le prendre. M. Capelle ne douta plus alors que sa retraite fût connue, il songeait déjà à la quitter quand l'autre villageois répliqua :

— Par ma foi! voilà un beau profit que la vente d'un lièvre à partager en trois ! attrapons-le cette nuit au gîte, et l'argent sera tout pour nous.

L'ex-ministre respira ; car, outre l'intérêt de sa propre sûreté, il craignait encore de compromettre son hôte qui le recevait avec tant de générosité. Il quitta sa maison au commencement de septembre, et rentra nuitamment à Paris dans un cabriolet bourgeois que visitèrent à la barrière les commis de l'octroi. On lui avait ménagé un logement rue Royale, sous un nom supposé ; mais, en prétextant qu'une maladie le retenait chez lui, la conviction de son innocence lui inspira, nous a-t-il assuré, la folle pensée de se livrer à l'instruction du procès qui s'entamait contre ses collègues. Il fit part de son dessein à quelques personnes, et notamment à M. de Montbel, qui lui dit avec beaucoup d'esprit :

— Vous rendre volontairement prisonnier ! y songez-vous, lorsqu'on nous accuse d'avoir volé les tours de Notre-Dame !

Il faisait allusion au mot connu de Fontenelle qui disait : Je me sauverais au lieu d'aller au-devant de mes juges, quand même on m'accuserait d'avoir volé les tours de Notre-Dame.

La présence de M. Capelle à Paris, et celle de M. de Montbel, embarrassaient le gouvernement, bien qu'il ignorât le lieu de leur retraite. On obtint pour l'un et pour l'autre des passeports; M. Capelle partit le 11 octobre, dans la malle-poste de Metz, avec un de ses amis; il s'était en quelque sorte composé un visage de contrebande, en rasant ses favoris, se couvrant la tête d'une perruque blonde, et se grimant de son mieux à l'aide de besicles vertes. Il portait, en outre, la livrée de son compagnon de voyage. Il parvint à quitter le sol français sans accident, traversa le Rhin, se rendit à Trèves, et de là passa en Hollande, où il s'embarqua pour l'Angleterre.

M. Capelle y fut reçu comme il le méritait ; c'est un homme de sens et d'une capacité peu commune. Napoléon, qui se connaissait en mérite, appréciait celui du baron Capelle. Sa sœur, la princesse Elisa, l'honorait d'une faveur particulière. Il se donna franchement à la cause des Bourbons, et les servit avec autant de zèle que d'intelligence. Il demeura peu à Londres, étant impatient d'aller à Holy-Rood rendre ses respects à Charles X.

Madame lui demanda ce qu'il avait appris de positif pendant son séjour en France.

—Peu de choses, Madame, répondit-il, sinon qu'on est parvenu à mécontenter tout le monde : déjà ceux qui ont servi le gouvernement l'accusent d'ingratitude ; il manque de force parce qu'il manque de franchise.

Enfin, M. Capelle nous fit un tableau si pitoyable de Paris, que Madame en ressentit un chagrin profond.

Son Altesse Royale reçut à la même époque la visite d'un personnage de distinction qui vint la voir incognito. Madame lui fit sentir ce qu'avait d'inconvenant cette visite en ne lui accordant rien de ce qui était dû à son rang. Il ne lui en fit pas moins des offres de service pour elle et son fils.

— Monsieur, lui répondit la princesse avec une noble dignité, mon fils ne demande de service qu'aux souverains; et lorsqu'ils lui en refusent, il ne s'adresse plus qu'à Dieu.

Malgré cette sévérité, justifiée par un manque d'égards très inconvenant, Madame eut le bonheur de plaire à ce personnage, qui dit à un seigneur de la cour duquel je le tiens :

— Le front de Madame la duchesse de Berry était fait pour porter une couronne; elle sera du moins capable de soutenir celle de son fils, si jamais il en a une.

Je me permis de représenter à Madame qu'elle aurait peut-être dû mieux traiter cet individu, et elle me répondit :

Je plains ceux qui prennent des précautions pour remplir leur devoir. On doit être plus exigeant dans les revers que dans la fortune, et les hommes qui respectent le malheur s'honorent d'autant plus eux-mêmes.

Ce langage convenait à une fille de Henri IV, et Madame prouve par ses actions qu'elle est digne de son illustre origine.

CHAPITRE III.

Madame montra à ceux qu'elle daignait appeler ses amis, deux lettres qu'elle venait de recevoir de ses enfans ; elle voulut bien permettre que j'en prisse copie ; et ceux qui portent intérêt à cette race vénérable ne seront pas fâchés, sans doute, de trouver ici les deux épîtres ; celle de Henri de Béarn était conçue en ces termes :

« Ma chère maman,

» Je suis bien chagrin de ne plus vous voir.
» Votre présence est si nécessaire à mon bon-
» heur, qu'il me semble que tout me manque
» maintenant que vous êtes loin de moi. Grand-
» père me dédommage de votre absence autant
» qu'il est possible par sa tendresse ; mais enfin
» cela ne vous rend pas à la mienne, et tant

»que je ne vous verrai pas, j'aurai toujours
»quelque chose à désirer.

»Je travaille de mon mieux, car je tiens à
»savoir comment un homme doit se conduire;
»et, bien que je ne sois qu'un enfant, je veux du
»moins mériter qu'on me plaigne de ne pas
»être à ma place, si je ne puis rien obtenir de
»plus.

»Je prie Dieu pour vous chaque jour; je
»l'invoque comme vous m'avez appris à le
»faire pour la prospérité de la France. Chère
»France! quand me sera-t-il permis de la re-
»voir? J'étais si heureux à Paris, au milieu
»des Parisiens! On dit qu'un enfant leur fait
»peur : ce n'est cependant pas le petit chape-
»ron qui mange les loups; il donne, au con-
»traire, de la galette et même de bon cœur.

»Edimbourg ne vaut point Paris, ni Holy-
»Rood les Tuileries; mais ce qui nous dé-
»dommage un peu, c'est l'amitié qu'on nous
»témoigne, et dont grand-père et moi devons
»être bien reconnaissans. Il fait froid et som-
»bre; je sors pourtant, je cours tant que je
»peux, cela réchauffe; et puis quand on mar-
»che on songe moins à ce qu'on a perdu, à

»sa bonne mère d'abord, et ensuite aux chers
»amis qu'on a laissés loin, bien loin!!

» Je vous embrasse, chère maman, avec une
» tendresse égale à la vôtre ; heureux si un jour
» je puis vous en donner des preuves. —

» Henri. »

On assurait Madame, par le même ordinaire, qu'aucune plume ne s'était mêlée à celle de son fils, qu'à peine s'il avait eu besoin de faire un brouillon qu'on envoya aussi, et sur lequel nous ne remarquâmes que quelques répétitions de mots qu'on avait, sans doute, indiquées à Monseigneur.

Voici maintenant la lettre de Mademoiselle :

« Ma très chère maman,

» C'est donc pour toujours que vous nous
» avez quittés ; il me semble, du moins, qu'il y
» a une année, car mon cœur mesure le temps
» avec son impatience. Quand reviendrez-vous
» près de vos enfans qui ne peuvent vivre heureux
» sans vous ? Maman Gontaut ne veut pas que
» je pleure lorsque je pense à vous ; mais com-
» ment songer à une si bonne mère sans la re-

» gretter? Le roi Bordeaux (1) prétend qu'il vous
» aime plus que je ne vous aime moi-même.
» Cela n'est point, car je le sens au chagrin que
» j'éprouve de ne pas vous voir. Mon frère fait
» un bruit affreux dans le moment près de moi;
» il commande le port-d'armes à un gros bar-
» bet que nous avons trouvé ici. C'est une ex-
» cellente créature, bien douce, bien cares-
» sante, qui jape et hurle de plaisir quand le
» roi Bordeaux *descend* à s'amuser avec elle, ce
» que SA MAJESTÉ daigne faire souvent à la sa-
» tisfaction de tous deux.

» Mon frère me défend de vous dire ceci; il
» prétend que vous le croiriez toujours enfant,
» tandis qu'il est si raisonnable ! ! ! Nous faisons
» assaut de travail, et je ne reste pas en arrière.
» Je veux aussi ne point être ignorante, afin de
» me conduire un jour de manière à ce qu'on
» ne me mène point comme une personne mal
» apprise. Je regrette Lullworth, et un autre
» lieu bien plus encore ; mais celui-là je n'en
» parlerai que quand nous y retournerons, car
» vous pleurez lorsqu'on vous le rappelle, et

(1) Mademoiselle appelait ainsi son frère en plaisantant.
Note de l'auteur.

»moi-même quand je m'en souviens... Ma
»chère maman, aimez bien votre fille, car
»elle est toute Française, et elle le sera tou-
»jours...»

Mademoiselle entrait ensuite dans des détails que je crois inutile de rapporter ; mais je suis convaincu que les plus indifférens apprécieront la grâce, la naïveté et les sentimens nobles qui se font remarquer dans ces deux lettres; elles renferment, du moins, autant de patriotisme, qu'en manifestent les petits enfans de M. Casimir Périer, par exemple, ou ceux de tel autre marchand ou avocat libéral.

La seule jouissance de Madame était de recevoir des nouvelles de ses enfans, et ses seules distractions consistaient à visiter les lieux consacrés aux arts ; mais elle s'interdisait tout ce qui aurait pu passer pour un divertissement, ne sortant jamais de son modeste incognito, et refusant les invitations multipliées qu'on lui adressait de tous côtés. La seule maison qu'elle fréquentait librement était celle de l'ambassadeur de Naples, où elle se croyait chez son père.

Hélas! ce fut une illusion qu'elle ne conserva

pas long-temps. Ce père, qu'elle chérissait avec une sorte d'idolâtrie, et dont peut-être elle était l'enfant de prédilection, mourut cette année le 8 novembre. Le comte de Luldof eut dans cette circonstance une mission bien douloureuse à remplir, celle d'annoncer à Madame ce funeste évènement. Malgré toutes les précautions qu'il y mit, Son Altesse Royale, frappée de ce dernier malheur, poussa un cri déchirant et tomba sans connaissance dans les bras de madame de Bouillé. Madame aurait dû cependant être préparée à cette perte par les bulletins que déjà on avait expédiés de Naples; mais c'est parce que la princesse redoutait ce coup affreux pour le cœur d'une fille, qu'elle ne voulait pas en envisager la possibilité. On crut, selon toute apparence, que la fin du roi de Naples avait été hâtée par les évènemens de juillet et le désespoir d'être forcé de reconnaître la royauté de Louis-Philippe au préjudice de son petit-fils. Il écrivit à ce sujet, à Madame, une lettre dont je regrette de ne pas avoir la copie, et qui prouvait combien son cœur était déchiré par le sacrifice fait à la paix continentale. Je me rappelle seulement cette phrase, qui s'y trouvait mot pour mot.

« Un roi a souvent des devoirs pénibles à
»remplir : le mien est cruel. Je suis père et
»frère. C'est ma sœur qui détrône ma fille; et
»pour la venger, il faudrait combattre contre
»mon sang. Ah! était-ce là ce que le prince
»votre oncle m'avait promis à Paris, lorsqu'il
»me jura si solennellement que quelle que fût
»la chance qui se présenterait, il n'en profite-
»rait jamais au désavantage de notre famille,
»et qu'il ne pourrait oublier le pardon de la
»branche aînée, et l'accueil que la nôtre lui
»avait fait lorsqu'il était dans le malheur.»

En revenant de son évanouissement, Madame resta dans une solitude complète, qu'il n'était même pas permis aux gens de la maison de venir troubler. Il lui semblait que ses maux étaient comblés par ce dernier malheur. Naples, qui jusque là avait été sa terre de consolation, allait devenir dorénavant pour elle un climat presque étranger. Son père n'y était plus! Nous voulûmes vainement adoucir ses regrets; elle nous dit à cette occasion :

— Ah! si vous saviez combien il est affreux

de se voir à la fois enlever l'auteur de ses jours et l'héritage de son fils, vous comprendriez mon désespoir et ne chercheriez point à le calmer par des consolations inutiles. Je succomberais à tant d'affliction, si je n'avais un grand devoir à remplir!

Nous respectâmes la volonté de Madame, laissant au temps et aux affaires importantes qui allaient l'occuper, le soin de soulager ses peines. Je ne me souviens pas bien si c'est après ou avant la mort du roi de Naples que le comte de Bourmont vint enfin joindre la famille royale. C'est un militaire distingué, aussi brave que prudent, et chéri du soldat; mais il a un tort irréparable à se reprocher, celui d'avoir suivi Napoléon jusqu'à la veille d'une bataille. C'est le moment où un homme loyal fait taire ses affections pour n'écouter que son honneur. Ce fut une faute dont on lui a fait un crime; mais ne l'a-t-il pas expié par ce qu'il fit comme ministre en faveur de l'armée, par la conquête d'Alger, qui sera dorénavant une des plus belles pages de notre histoire? Et depuis quand la France n'a-t-elle point pardonné une défection à ceux qui l'ont réparée par de glorieux triomphes? Qui se souvient que Condé, que Turenne, furent rebelles? Alger est-il donc une conquête de si peu d'importance, qu'elle ne puisse racheter de plus grands torts? Est-ce parce qu'on veut la rendre à l'Angleterre qu'on dédaigne un si beau fleuron de notre couronne? Oui, on a proposé d'abandonner Alger; l'offre en a été faite; et si Madame et le roi Charles X avaient consenti à la remettre en séquestre entre les mains du souverain de la Grande-Bretagne pour la réunir au royaume de Hanovre, comme on le désirait alors, Henri de Béarn aurait été reconnu roi de France. Cette négociation a été ouverte dès le lendemain de notre arrivée en Angleterre, et repoussée dès le jour même avec autant de dignité que d'énergie.

Madame, quand on lui en parla, répondit :

— Je viens ici pour chercher un asile au nom du malheur, mais non payer de ma honte cette hospitalité. Je veux rendre à mon fils sa couronne intacte, et ce serait la briser sur sa tête que de lui enlever Alger.

Charles X tint à peu près le même langage. Madame la Dauphine demanda assez amèrement si, depuis le nouveau règne, la coutume en Angleterre était de vendre ce qui jadis lui avait été accordé plus généreusement.

Le maréchal comte de Bourmont se présenta devant Madame avec une contenance triste : expression de sa douleur de fidèle sujet et de père, causée par le renversement du trône de Henri IV, et par la perte pénible que lui-même avait faite d'un de ses fils. Madame était digne de comprendre ce chagrin ; elle n'hésita pas à en parler à ce père infortuné qu'aucune loi ne proscrivait, qu'aucun tribunal extra-légal ne réclamait en France, mais qui venait volontairement offrir à son roi légitime son épée et ses conseils.

M. de Bourmont donna à Madame des renseignemens précis sur ce qu'on pensait de sa cause en Espagne, il l'assura que tous les cœurs étaient pour elle, que la dernière révolution ne trouverait dans la Péninsule que des ennemis; que la royauté, la grandesse, la noblesse, le clergé et le peuple travaillaient pour Henri V, que déjà on y organisait plusieurs régimens de Français royalistes, et que l'on préparait des fonds pour soutenir cette cause sacrée, avec tant de publicité, qu'il était impossible que le gouvernement français n'en eût pas connaissance.

Ce fut dans le mois de novembre que le cabinet anglais, présidé par lord Wellington, qui n'avait pas su défendre la légitimité en France, succomba sous la majorité des partisans de la réforme. Lord Grey fut appelé à former le nouveau ministère; mais les membres qui le composèrent ne penchaient point pour notre cause, plusieurs même s'y montraient contraires; aussi, bien que Madame eût à se plaindre de lord Wellington, elle déplora sa chute, qui laissait le champ libre aux ennemis de la famille royale.

CHAPITRE XIII.

—

Madame, qui me faisait appeler chaque fois que le service de sa maison l'exigeait, s'abstint pendant deux jours de me mander en sa présence; à peine si je pus avoir le bonheur d'assister à son dîner, encore remarquai-je qu'elle évitait de jeter les yeux sur moi et qu'elle ne me parla point, contre sa coutume. J'en éprouvai un chagrin profond et une vive inquiétude. M'aurait-on desservi dans son esprit? douterait-elle de mon dévouement? Cette incertitude m'était insupportable, et j'allais oser lui demander la cause de son changement à mon égard, lorsqu'elle-même daigna me faire prévenir qu'elle m'attendait dans son appartement.

J'y arrivai avec l'air d'un coupable, bien que certain de mon innocence, tant je craignais d'avoir excité son déplaisir. La mort me serait préférable au mécontentement de Madame. En entrant, je me permis d'interroger ses regards, et je m'aperçus qu'un nouveau nuage de tristesse couvrait son front. Elle tenait un papier à la main.

— Monsieur, dit Son Altesse Royale, voici une requête importante qui vous concerne; elle est dans mes mains depuis trois jours. J'ai balancé à vous la communiquer, car il m'est pénible de renoncer à ceux dont l'attachement m'est prouvé. Néanmoins, il existe d'autres droits non moins sacrés que les nôtres, auxquels je dois céder. Prenez, monsieur, et lisez.

Ces paroles me glacèrent le cœur, je ne pouvais encore en soupçonner le sens; mais il s'agissait de quitter Madame, et c'était pour moi un arrêt de mort. Je reçus d'une main tremblante le papier qu'elle me présentait, je le parcourus rapidement des yeux; c'était une lettre de ma mère..., de ma mère, restée seule et infirme, qui réclamait son fils, et pour l'obtenir s'adressait à Madame... Je sentis tout ce que ma position avait de cruel; placé entre la nature et mes devoirs de sujet, il me fallait sacrifier l'un ou l'autre.

Mes yeux ne pouvaient se détacher de ces chers et funestes caractères; je devinais les représentations qu'on allait me faire, et peut-être les ordres qu'on m'intimerait. Ce silence se prolongeait, et Madame, désirant sans doute en connaître la cause, me dit :

— Eh bien! monsieur?

— Ah! répondis-je avec désespoir, Votre Altesse Royale se flatte-t-elle que je consentirai à quitter sa personne?

— Votre mère est seule, monsieur.

— Et vous, Madame, qui veillera à votre sûreté? Pardonnez-moi de croire que nul autre ne peut mieux remplir ce soin que votre indigne serviteur.

— Je sais ce que je puis attendre de vous, repliqua la princesse avec une douceur ineffable, et tout ce que je perds, ainsi que mon fils, à votre éloignement; mais votre mère est âgée, vous êtes sa seule consolation, elle vous désire près d'elle. Puis-je vous retenir sans son consentement?

— Je sais, Madame, répondis-je avec vivacité, qu'en refusant de retourner en France lorsque ma mère m'y rappelle, j'attire sur ma tête un blâme mérité. Mais puis-je, sans me couvrir de honte, abandonner déjà la cause sacrée à laquelle j'ai juré de me dévouer sans retour? Ma fidélité envers mes maîtres expirerait donc avant d'avoir pu se montrer, je retournerais dans un royaume d'où on les a bannis, et auquel on veut mettre entre eux et lui la mort pour barrière! Ah! ne l'espérez pas, Madame, c'est trop exiger; mon courage se change en faiblesse devant une si cruelle épreuve.

Le ton dont je prononçai ces paroles parut toucher Madame, qui me répondit:

— Pourquoi tous les Français n'ont-ils pas pour nous un tel attachement! Je sais que je ne vous remplacerai jamais; mais je dois insister pour votre départ. Relisez cette lettre, monsieur; pesez-en bien toutes les expressions; il me semble que c'est moi qui l'adresse à mon fils.

— Assez, madame, assez, m'écriai-je en cachant dans mes mains les larmes prêtes à s'échapper de mes yeux, ne déchirez pas davantage le cœur d'un serviteur qui a juré de vous consacrer sa vie. Pourquoi le placer ainsi entre deux remords? Oui, je me dois à ma mère; mais elle est en France entourée de parens, d'amis, tandis que vous, isolée, poursuivie... Vous, madame, qui allez bientôt entreprendre une course périlleuse, n'avez-vous pas besoin d'un sujet qui ne reculera ni devant un poignard, ni devant une armée, pour lequel vos moindres volontés seront des lois, qui ne respire que pour votre cause, pour celle de votre fils ? Réfléchissez, madame, et, avant de me bannir, consultez des intérêts qu'il ne vous est pas permis de sacrifier à des considérations ordinaires. Hélas ! j'ai assez d'avoir à combattre les prières de ma mère, sans que vous y joigniez encore vos instances.

Madame me regardait à ses pieds où j'étais tombé, avec un profond sentiment de tristesse; elle se tut pendant un instant qui me parut un siècle; car je me disais que Madame, dans sa pensée, décidait de mon avenir; enfin, Son Altesse Royale me faisant signe de me relever, me dit:

— Vous me feriez presque regretter, monsieur, d'inspirer cette fidélité chevaleresque ! Néanmoins, mes argumens étant moins puissans que votre attachement à ma famille, je consens que vous restiez avec moi ; mais j'ai trouvé le moyen de concilier votre dévouement à votre roi avec votre devoir de fils, en vous confiant une mission qui vous permettra de revoir bientôt votre mère, sous des auspices plus heureux, si le ciel exauce nos prières.

La bienveillance ingénieuse et délicate de Madame augmenta encore ma profonde vénération pour sa personne. Sa décision souleva le poids énorme qui pesait sur mon cœur. Il me sembla que j'avais puisé un nouveau courage pour la défense de mes maîtres, dans ce combat pénible dont j'étais sorti victorieux. On pourra m'accuser de fanatisme politique dans ce siècle de froid calcul ; mais je déclare que j'avais dévoué à la famille proscrite tous les instans de ma vie, et que je l'aurais sacrifiée avec joie pour leur rendre cette patrie dont on les chassait sans pitié.

Madame croyait à cette époque passer bientôt sur le continent ; mais il en fut ordonné autrement. La volonté de Charles X fit ajourner ce projet. Il rappela Son Altesse Royale à Édimbourg. Mais, avant de parler de ce voyage, je veux rapporter un incident assez curieux de notre séjour à Londres.

Une femme très jolie, âgée d'environ vingt ans, se présente à l'hôtel où logeait la princesse, et demande à me parler, en me désignant par mon nom. Son extérieur me fit supposer qu'elle était peu heureuse.

— Je désirerais, monsieur, me dit-elle, avoir une audience de Madame, qu'elle daignera peut-être m'accorder en ma qualité de Française.

Il y avait dans toute la personne de cette inconnue quelque chose de si humble et de si embarrassé, qui contrastait avec son charmant visage, que je ne doutai pas qu'elle venait solliciter des secours; et, bien que Son Altesse Royale fût elle-même dans la gêne, je me serais fait un scrupule d'empêcher une de mes compatriotes de lui exposer ses besoins.

Je passai donc chez la princesse pour lui faire part de ce fait, et lui demander ses ordres.

— Faites entrer, me dit Madame; ce n'est point lorsque je suis réduite pour mon fils à frapper à tant de portes, que je fermerai la mienne aux indigens. Puis elle ajouta, avec un sourire enchanteur : « Le Béarnais est pauvre, mais il donne ce qu'il a. »

Madame ne pouvait citer plus à propos le mot bien connu du grand Henri. L'étrangère fut introduite, et je m'éloignai. Elle se jeta aux pieds de Son Altesse Royale, et la conjura de la tirer de l'horreur du besoin et des piéges du vice qui cherchait à la séduire. Sa grâce, sa manière de s'exprimer, le charme répandu sur toute sa personne, prévinrent Madame en sa faveur. La princesse s'informa comment elle se trouvait en Angleterre, et où était sa famille.

L'inconnue à ces paroles se troubla ; une pâleur subite couvrit ses joues inondées de larmes ; puis elle dit à Son Altesse Royale qu'elle était sortie de France avec ses parens au commencement de 1816, ayant alors environ six ans ; que, confiée d'abord à une maîtresse de pension, elle était restée sous sa direction jusqu'en 1826 ; « mais cette institutrice n'ayant »pu me continuer ses soins, continua-t-elle, »j'étais entrée chez une lady de West-End en »qualité de demoiselle de compagnie. Hélas ! »madame, le maître de la maison a voulu me

» séduire, et m'a fait donner mon congé pour
» me punir de mes refus. Depuis deux mois je
» loge en garni dans un coffee-house, épuisant
» mes faibles ressources sans pouvoir trouver
» de l'ouvrage ou une retraite convenable. »

— Mais vos parens, dit Madame, que sont-ils devenus ?

— Il y a long-temps, répliqua l'inconnue, que Dieu m'a enlevé ma mère.

— Et votre père ?

— Mon père ! reprit-elle en sanglotant, ah ! madame, ne me forcez pas à prononcer son nom devant vous.

La princesse surprise demanda l'explication de ce mystère.

— Parlez sans crainte, lui dit-elle ; aurais-je à me plaindre de votre père ? je n'en serais pas moins disposée à vous obliger.

— Ah ! s'écria l'inconnue avec une émotion extraordinaire, il est donc vrai que les Bourbons possèdent toutes les vertus, et surtout celle du pardon des injures ! Mon père, madame... Oh, mon Dieu, aurai-je la force de l'avouer !

— Ne craignez rien, encore une fois ; dites-moi ce qu'a fait votre père...

— Il a tué son roi, repartit la jeune fille d'une voix étouffée ; puis elle perdit complètement l'usage de ses sens. Cet aveu, loin de diminuer la pitié de Madame pour cette infortunée, l'accrut encore. La malheureuse Française en rouvrant les yeux vit la princesse devant elle, qui lui serrait les mains et l'engageait à se rassurer.

— Je suis indigne de tant de clémence, répondit l'inconnue, ainsi que de vos bontés; mais je vois que la vôtre égale celle des anges :

— Mademoiselle, lui répondit Madame, comment pouvons-nous espérer le pardon du ciel, si nous ne cherchons pas à le mériter en pardonnant nous-mêmes sur cette terre? D'ailleurs les fautes sont personnelles, et je ne vous repousserai pas dans le malheur ; seulement il ne faut pas répéter à d'autres cet aveu dont j'estime la franchise : j'espère vous le prouver avant peu en vous plaçant d'une manière convenable.

La jeune fille, surprise de trouver tant de grandeur réunie à tant de simplicité, ne savait comment exprimer son admiration et sa gratitude ; mais son silence en disait plus que des paroles. Madame exigea de moi, et d'une autre personne qu'elle avait appelée pour secourir mademoiselle***, que le secret fût gardé sur cet incident. Je dirai pour terminer ce récit que mademoiselle*** suivit Madame en Écosse, où elle fut placée dans une famille noble, avec laquelle elle doit demeurer jusqu'à des temps plus heureux. Elle m'a paru digne à tous égards de la protection de Madame.

L'auguste princesse à laquelle j'avais le bonheur d'appartenir, ne craignait jamais de s'abandonner à toute la générosité de son caractère ; aussi, en ne fermant ni son cœur ni sa bourse au malheur, force était à elle de se défaire de livres et objets précieux, que de riches Anglais étaient charmés d'acheter, même à un prix fort élevé.

— Vous donnez plus que votre situation ne le permet, lui disait un jour madame de Bouillé.

— C'est possible, répliqua la princesse, mais je ne donne du moins jamais autant que je le voudrais.

Cependant si Madame se montrait généreuse à ce point envers les autres, elle ne se permettait pas pour elle-même la moindre fantaisie ni aucune emplette extraordinaire, excepté pour envoyer à ses enfans. Jamais il ne fut meilleure maîtresse de maison et plus excellente mère. Je ne puis trop le répéter, pourquoi n'est-elle pas mieux connue! Quelque temps auparavant elle avait ressenti une vive satisfaction d'un cadeau fait à sa fille, et surtout des circonstances qui en relevaient le prix. La jeune princesse devait accompagner cette même année sa mère aux bains de Dieppe, et le corps muncipal avait arrêté de lui offrir deux vases d'ivoire exécutés par les artistes de la ville, avec cette perfection qu'on admire non seulement à Paris, mais dans toute l'Europe. Le changement de dynastie ayant amené celui du corps municipal, les nouveaux élus refusèrent de solder les deux vases à ceux qui les avaient confectionnés. Ils furent donc mis en vente : on ouvrit une souscription à laquelle chacun s'empressa de prendre part; et les vases furent envoyés à Mademoiselle, au nom des *Dieppois reconnaissans*, car cette inscription était gravée sur les socles. La jeune princesse, enchantée de cette marque d'amour et de souvenir, écrivit à M..., ancien maire de Dieppe, dans les termes suivans :

« Monsieur,

» Veuillez vous charger de mes remercie-
» mens auprès des bons habitans de Dieppe,
» qui ont bien voulu se souvenir de moi.

» J'aurais désiré aussi leur envoyer une mar-
» que de ma reconnaissance ; mais je n'ai à leur
» offrir qu'une boucle de mes cheveux et de
» ceux de mon frère pour gage de mon inalté-
» rable attachement.

» LOUISE, *signé.* »

Madame, pour subvenir au paiement de ses pauvres pensionnaires, avait donné l'ordre qu'on vendît à Paris sa magnifique garde-robe qui lui devenait inutile, ainsi que le matériel de sa maison. On montra le même empressement en France à acquérir ces objets, qu'on en avait mis à Londres : une paire de gants, que Son Altesse Royale avait portée, fut payée soixante-cinq francs : *la Quotidienne*, si estimable dans sa conduite envers des princes malheureux, signala ce fait dans un de ses numéros. Je dirai, à propos de ce journal, que Madame vit avec chagrin les persécutions auxquelles son rédacteur en chef fut en butte : jamais la restauration n'avait manifesté tant de rigueur envers les gazettes libérales, qui certes ne la ménageaient pas. M. de Brian, doué d'autant de fermeté que de noblesse, a des droits certains à la reconnaissance de ceux dont l'infortune ne l'a point séparé.

CHAPITRE XIV.

—

Une affaire importante occupa Madame à cette époque. Ceux qui en France prétendaient doter la couronne nouvelle d'une énorme liste civile, imaginèrent de comprendre dans cette dotation le domaine de Chambord, acheté du produit d'une souscription volontaire, et donné de gré à gré par de fidèles Français à monseigneur le duc de Bordeaux. Certes, si jamais il y a eu une propriété distincte des domaines de la couronne, c'est celle-là.

Il est des actes dont l'indignation publique fait heureusement justice : celle-ci fut du nombre, et les conseillers du trône se virent forcés de revenir sur l'indignité de leur tentative, qui fit écrire au comte Adrien de Calonne une note insérée dans plusieurs journaux. Je la reproduis ici par le commandement exprès de Madame, afin de prouver à quels habiles adversaires on l'a contrainte de disputer les droits de son fils comme simple citoyen.

Paris, 21 décembre, 1830.

« Un sentiment de probité a fait rectifier
»dans le Moniteur du 19 courant l'article du
»projet de loi sur la liste civile qui consacrait
»*la spoliation de Chambord.*

» N'eût-il pas été plus régulier de faire con-
»naître à la Chambre, qui avait entendu la
»lecture de tout ce projet de loi, *cette recti-*
»*fication ?...* Nous adressons cette question au
»ministère.

» Mais, en affaire, les actes seuls sont à con-
»sulter. Nos lecteurs nous sauront gré de rap-
»porter ici le texte de l'acte d'adjudication du
»3 mars 1831, époque à laquelle monseigneur
»le duc de Bordeaux est devenu *propriétaire*
»*de Chambord.* Il s'exprime ainsi :

» A déclaré le comte Adrien de Calonne *se*
»*porter fort*, et pour être fait hommage du
»domaine de Chambord et de toutes ses dé-
»pendances, au nom de la France, à Son Al-
»tesse Royale monseigneur le duc de Bor-

» deaux, *au profit duquel ledit domaine est*
» *conséquemment acheté dès à présent.*

» Ce point établi et reconnu, on demandera
» à l'auteur du projet de confiscation de Cham-
» bord la production de l'acte d'érection de ce
» domaine *en apanage.*

» Serait-ce par ordonnance ? Aucune ordon-
» nance n'a eu lieu, n'a été signée par le roi
» Charles X.

» Bien plus, Son Altesse Royale Madame,
» en sa qualité de tutrice, a fait biffer le mot
» *apanage*, qui faisait partie du discours de
» présentation (du 7 février 1830), ce qui a
» été constaté par la délibération de la com-
» mission des souscripteurs.

» Enfin, le conseil de famille n'a pas été con-
» voqué pour consentir à *cette création d'apa-*
» *nage*, qui aurait aliéné la propriété du prince
» *mineur.*

» A plus forte raison le roi Charles X, tuteur
» dudit mineur, n'a pu faire érection dudit
» apanage qui aurait compromis les droits de
» son pupille, comme propriétaire.

» Voilà ce que nous annonçons avec em-
» pressement aux nombreux souscripteurs de

» Chambord, qui ont fait don et hommage de
» ce domaine du roi-chevalier au fils du duc
» de Berry, dès le jour de l'ouverture de la
» souscription, le lendemain même de sa naissance. »

Lorsque Madame apprit quelle misérable avidité cherchait à enlever à son fils son bien propre, elle s'écria :

— N'est-ce pas assez de sa couronne ! faut-il encore lui disputer ce château, dont la France mit les murailles menacées par la bande noire sous la protection de son berceau ! Si le don de Chambord devait être annulé, ce ne serait que pour retourner à ceux qui l'offrirent à mon fils. La cause de l'opprimé ne restera pas sans défenseurs; elle sera plaidée devant tous les tribunaux de France, qui décideront entre l'orphelin et ceux qui réclament son héritage.

C'était avec cette énergie que Madame soutenait les droits de son fils, et qu'elle écrivit à une personne dont elle croyait avoir à se plaindre. Mais je dois convenir que celle-ci répondit pour se disculper d'avoir pris part à un acte qui, disait-elle, répugnait à sa délicatesse.

On doit croire à la sincérité du personnage dont il s'agit ici. Il est des refus si difficiles!

Nous quittâmes Londres à cette époque, pour venir visiter la famille royale à Édimbourg. Madame la Dauphine et Madame habitaient chacune une maison située sur la montagne dite de Calton, qui borne à droite d'Holy-Rood la capitale d'Écosse. Le château royal d'Holy-Rood offre un mélange d'architecture gothique et moderne; sa façade et ses tourelles sont d'un effet plus triste que gracieux; il est situé dans la partie la plus basse de la ville, et séparé du faubourg de la Canongate (porte des Chanoines) par une place de mesquine apparence. Les armes du roi d'Écosse, sculptées sur la porte principale, sont surmontées d'une couronne massive disproportionnée avec le reste.

La célèbre chapelle dont les ruines ont été admirées au Diorama de Paris, s'élève à l'un des côtés de la cour extérieure, dont l'étendue est de cent pieds carrés; elle est environnée d'arcades et de corps de logis à trois étages, habités aujourd'hui par Sa Majesté Charles X et monseigneur le duc de Bordeaux. Les appartemens royaux sont situés dans l'aile gauche et l'aile droite de ces corps-de-logis. La demeure de Mademoiselle et de la duchesse de Gontaut est à droite de la porte principale. Le deuxième étage compose l'appartement qu'habita long-temps Marie Stuart; il renferme une salle de réception, une chambre à coucher, un cabinet et un oratoire; le tout garni de meubles qui ont appartenu à cette reine infortunée, et même de quelques tapisseries, ouvrage de ses mains.

On ne retrouve rien là de la magnificence de Versailles, des Tuileries et des autres palais de France; rien de vraiment royal, que les souvenirs d'une dynastie éteinte, dont le nom fatal fut si long-temps une menace adressée à nos Bourbons, et trop bien justifiée par les factieux. Hélas! comment oublier dans ce triste séjour tous les nobles châteaux de ce Louis XIV que l'Europe avait appelé le grand monarque.

L'appartemnt de représentation d'Holy-Rood est composé d'une antichambre assez vaste, bien ornée, où se tenaient les gardes; d'une salle avec un billard, de deux salons qui la suivent, et d'une belle pièce servant de chambre à coucher.

Le mobilier est à la fois riche et élégant. Un roi d'Écosse pouvait se trouver logé avec splendeur dans ce palais; un roi de France, quoique banni, y paraît à l'étroit.

La maison qu'occupait Madame était neuve, mais simple et gothique. Je me récriai en y entrant, et Son Altesse Royale me répondit:

— Elle est conforme à ma fortune. Vous me croyez toujours en France, cependant je n'y suis plus.

Je répondis par un soupir étouffé.

Madame changeant la conversation, me fit remarquer la vue dont on jouissait des fenêtres de son étroit salon.

Ma pompe, dit-elle, est au dehors. En parlant ainsi, la princesse souriait, car elle tenait par la main ses deux enfans. Monseigneur le duc de Bordeaux lui avait dit, en l'embrassant :

— Maman, as-tu reçu quelque nouvelle satisfaisante de France?

— Non, mon fils, Dieu ne nous exauce pas encore,

— Ah ! si mes prières pouvaient le toucher, nous serions tous bien heureux !

Madame l'embrassa à plusieurs reprises, et Mademoiselle en parut presque jalouse.

— Et moi, dit-elle, est-ce que je n'aurai pas ma part de tes caresses ? je vois que tu veux dédommager mon frère de ce qu'il perd ; mais je t'assure, chère maman, qu'une couronne à mes yeux a bien moins de prix que ta tendresse.

Ah ! dans ce moment qu'il y avait de bonheur dans les larmes que je voyais répandre a Madame ! il n'est pas de chagrin qu'une mère n'oublie dans les caresses de ses enfans après en avoir été séparée. Son Altesse Royale, en admirant leur gaieté, leur fraîcheur et leurs progrès, ne put s'empêcher de s'écrier avec une sorte d'orgueil pieux : « Dieu les admettrait parmi ses anges, les rois de la terre ne pourraient-ils pas les admettre parmi les princes ! »

Dès que Madame fut arrivée à Edimbourg, elle commença à s'occuper sérieusement du voyage qu'elle projetait sur le continent. Son Altesse Royale fit frapper pour une somme assez forte des pièces de cinq francs à l'effigie de son fils, dont l'empereur Nicolas lui avait fourni les fonds.

Cependant, l'Europe, ébranlée par la chute du premier de ses trônes, semblait les menacer tous d'une même ruine, lorsqu'au même instant nous apprîmes que la Pologne avait poussé le cri de son indépendance, et que Rome et le duché de Modène avaient imité cet exemple. La famille royale en fut très alarmée, craignant le triomphe que ces deux évènemens pouvaient assurer à la nouvelle révolution française. Son inquiétude ne diminua qu'au moment où le cabinet français, en se séparant de ces deux peuples, donna gain de cause à la sainte-alliance et à notre parti, dont les principes sont les mêmes.

Avant cette insurrection de l'état pontifical, Charles X voulait aller s'établir à Rome ; le duc de Blacas était même chargé de s'entendre à cet effet avec le saint-père Pie VIII. Mais celui-ci mourait au moment où ses sujets venaient de se révolter. Charles X dut donc renoncer à ce projet.

Les fêtes de Noël se célébrèrent en grande cérémonie dans la chapelle catholique d'Edimbourg. Ce fut le cardinal de Latil, archevêque de Reims, qui officia solennellement. La famille royale assista à tous les offices avec un profond recueillement ; il était impossible de ne pas être ému à la vue de tant de grandeur abaissée en apparence, et que relevait tant d'humilité en présence du tout-puissant. Les Écossais, quel que fût leur culte, venaient en foule contempler ce spectacle imposant, et ils manifestèrent leur vénération pour nos malheureux princes. Je n'ai vu personne refuser de se découvrir devant eux. Leur piété plaisait dans un pays où la religion est en grand respect, et où nul n'oserait l'insulter, car la majorité des citoyens ne le souffrirait pas. Les cultes divers de la Grande-Bretagne ont leurs missionnaires, que la fièvre pieuse du prosélytisme dévore.

Le cardinal de Latil eut à se défendre d'un méthodiste fanatique qui voulait entreprendre de le *convertir*. Il vint d'abord chez le prélat, lui livra plusieurs assauts assez vigoureux, tellement que l'éminence, ennuyée de ses péroraisons, lui fit défendre poliment sa porte. Mais le méthodiste, dont rien ne pouvait refroidir le saint zèle, guettait le cardinal dans chacune de ses sorties, et le forçait à faire de la controverse dans la rue ou dans la campagne. Madame disait en riant à M. de Latil que c'était à lui qu'il appartenait d'enlever à Satan l'âme de ce réprouvé; mais le cardinal, qui avait plus envie encore de s'en débarrasser que d'opérer sa conversion, se vit contraint d'employer la rudesse pour échapper à ce prédicateur importun.

Les membres de la famille royale recevaient aussi à leur tour des bibles protestantes, ainsi que des exhortations imprimées, qui avaient pour but de les détourner de la vraie foi.

Nous trouvâmes en Ecosse cette ferveur d'enthousiasme qu'on ne rencontre plus en France. Une dame anabaptiste de ce pays voulut également faire des prosélytes des princesses, et leur promit que si elles adoptaient sa religion le royaume de France leur serait rendu.

— Vous devriez alors, lui dit madame la duchesse d'Angoulême, entreprendre d'abord la conversion de ceux qui nous ont bannis.

CHAPITRE XV.

Edimbourg, malgré son titre de capitale de l'Ecosse, n'a plus que de faibles restes de ce qu'elle dut être autrefois, lorsque les Stuarts y tenaient leur cour. C'est maintenant, pour me servir de l'expression d'un poète anglais, une reine découronnée, un astre dépouillé de ses rayons. Elle se divise en deux parties, l'ancienne et la nouvelle. La première, religieusement conforme aux cités du moyen âge, est noire, mal bâtie, sale et, par conséquent, malsaine. Il y a des quartiers cependant presque entièrement reconstruits, et où la classe aisée peut habiter encore. La partie neuve, mieux située et plus régulière, a, peu à peu, vu accourir dans son enceinte les familles riches. Les deux villes sont séparées par l'excavation qu'a laissée le dessèchement d'un ancien lac : sur un point une chaussée, sur l'autre un pont, servant à faciliter les communications. Le château d'Édimbourg est assis sur un rocher à l'extrémité de la ville, opposé à celui où est situé Holy-Rood. Cette citadelle doit en partie sa célébrité aux crimes dont elle fut le théâtre. Il y a peu de monumens dans Edimbourg, et surtout nulle architecture de leur goût. La population s'élève à plus de cent mille âmes, y compris celle de Leith, qui lui sert de port, et que les érudits du pays, comparant modestement leur ville à Athènes, appellent le Pirée calédonien.

Edimbourg renferme des hommes de talent et des savans. On y rencontre parfois des pairs d'Ecosse, mais peu d'étrangers. Les traits caractéristiques des mœurs et de la physionomie des Ecossais primitifs commencent à disparaître. On retrouverait difficilement dans l'Ecosse d'aujourd'hui celle des temps passés. La civilisation, en prenant chaque jour plus d'étendue, enlève aux usages de ce peuple leur aspérité et leur rudesse ; il y a moins de liberté individuelle peut-être, mais que d'avantages pour la masse ! La loi n'est plus impuissante à réprimer les délits et à châtier les coupables. Les montagnes ont cessé d'être une barrière contre la justice ; et soit dans les hautes terres, soit dans la plaine, la rébellion n'a plus les moyens de se montrer impunément.

Le costume des Ecossais a subi aussi la métamorphose générale; on voit moins de jambes nues et plus de propreté parmi le peuple. On ne craint plus de tomber dans un guet-apens chaque fois qu'on sort de chez soi, comme cela arrivait à l'époque qualifiée improprement du bon temps. En un mot, Edimbourg a beaucoup gagné, sous le rapport moral comme sous le rapport physique.

Je m'attendais à y retrouver tous les héros de romans de Walter Scott, ou du moins leurs descendans; mais c'est en vain que j'y cherchai des barons de Bradwardine ou des Rob-Roy, personnages enfantés par sa brillante imagination! je voulus du moins me dédommager en voyant ce créateur de tant de poétiques mensonges. Je m'attendais qu'il serait exact à venir saluer les Bourbons, et cette fois mon espoir ne fut pas trompé.

Sir Walter Scott m'apparut un dimanche à

l'issue de la messe, lorsqu'il vint présenter ses respects à Madame. Je reconnus, conformément à ses portraits, sa figure large et carrée, sa physionomie grave et fière tout à la fois. Il boite fort désagréablement, et ne sort qu'appuyé sur une canne. Madame l'accueillit avec sa grâce accoutumée, lui cita divers passages de ses ouvrages, ce qui prouvait qu'ils lui étaient familiers, et enchanta l'auteur, qui, bien qu'affectant une modestie parfaite, était au moins sensible, en vrai poète, à une louange aristocratique.

Je ne jugerai pas sir Walter Scott comme s'il était un auteur français : son esprit, et il en a beaucoup, a le parfum du terroir ; c'est un conteur admirable, mais un conteur écossais; nous en avons de plus brillans que lui dans les salons de Paris, mais non de plus attachans; il est érudit avec grâce, et met jusqu'à l'archéologie en anecdotes. Sa froideur, qui semble glaciale au premier abord, s'échauffe dans l'intimité ; il se laisse aller à l'entraînement de la conversation, quand il ne craint pas le persiflage, qu'il redoute surtout de la part des Français. On remarque en lui une simplicité solennelle qui n'est pas sans originalité, et un amour-propre craintif qui se cache avec art sous une bonhomie de fort bonne compagnie. Il aime tout ce qui se rattache aux temps de la chevalerie, et l'on se croirait transporté au douzième siècle de l'ère chrétienne, lorsque l'on pénètre dans sa demeure, car elle est remplie de tout ce qui appartient à cette époque, et l'on voit qu'il a suivi le précepte des grands peintres de n'*inventer* qu'avec le modèle sous les yeux.

La nouvelle révolution française n'a pas trouvé grâce devant lui, d'autant mieux que, depuis son voyage en France, il n'a pas eu à se louer des libéraux, dont quelques uns, par une patrioterie fort peu hospitalière, le traitèrent avec une rudesse à laquelle il n'était pas accoutumé ; il a trop de sens pour aimer les utopies hors des domaines du roman, et connaît trop bien les hommes pour ne pas découvrir leur ambition sous le masque pompeux des grands mots de liberté et de patrie ; enfin il est royaliste de sentiment et de conviction ; il regarde la république comme le triomphe des intrigans et de l'anarchie, et, fidèle à des vers adressés par lui aux Bourbons avant 1814, il porte à la famille royale de France une affection respectueuse, dont il ne cesse de lui donner des preuves.

Nous causâmes ensemble à plusieurs reprises des derniers évènemens de Paris ; il déplora que Charles X n'eût pas voulu les comprimer par des mesures véritablement énergiques, ou plutôt les prévenir en ne portant pas atteinte à la constitution de l'état.

CHAPITRE XVI.

—

Je recevais, comme je l'ai dit, de temps en temps de lettres de France, parmi lesquelles il s'en trouvait de plus piquantes les unes que les autres. Je crois donc avoir le droit d'en disposer, et je citerai ici la suivante :

« Eh bien! mon ami, après un choc violent,
» le char monarchique rentre dans la voie ac-
» coutumée, pour ne pas dire l'ornière, dans la
» crainte de parler avec irrévérence de la
» royauté citoyenne. Cependant celle-ci cher-
» che déjà à nier son origine, afin de laisser
» croire qu'elle ne date pas d'hier. On ne peut
» plus se présenter maintenant aux cercles du
» Palais-Royal qu'en brillant costume, si l'on
» ne veut être l'objet de la risée des courtisans
» républicains, ou se laisser éclipser par leur
» splendeur. M. Mérilhou, par exemple, est
» tellement galonné sur toutes les coutures

»qu'on le confond avec le chasseur qui figure
»derrière son carrosse.

»Ceux qui viennent à pied chez Louis-Phi-
»lippe ne franchissent les portes militaires
»qu'après des explications fort pénibles pour
»l'amour-propre, outre qu'ils sont bafoués
»par la valetaille du vestibule. Les cours
»d'honneur sont interdites aux fiacres et aux
»cabriolets de place, ce qui, entre nous soit
»dit, ressemble terriblement au retour des
»anciens priviléges; mais, en revanche, l'é-
»pouse de l'épicier peut, à l'aide d'un re-
»mise, n'être sifflée que dans les appartemens
»royaux.

»On vit au jour le jour, sans prendre la
»peine de se faire une règle de conduite, comme
»du temps de M. de Polignac. Chaque minis-
»tre est au ministère pour remplir physique-
»ment sa place et rien de plus. Malheur au
»royaume qui tombe entre les mains des avo-
»cats et des banquiers! C'est pis encore que
»les philosophes, dont le grand Frédéric me-
»naçait les provinces qu'il voulait châtier. La
»bourse est toujours le grand thermomètre
»politique. Le père d'une sorte de ministre

» fait faire à son fils des profits *conséquens* ; la
» maîtresse d'une autorité libérale, bien que
» femme de qualité, aide aussi à plumer la
» poule, mais avec des protestations de dévoue-
» ment pour l'humanité qui font plaisir à en-
» tendre. Les pots-de-vin jouent pareillement
» leur rôle dans ce chaos universel ; l'intégrité
» de nos fabricans s'en accommode au mieux ;
» c'est, enfin, à qui arrachera un lambeau de la
» monarchie à bon marché. Celle-ci est repré-
» sentée d'une manière assez plaisante dans
» une caricature fort spirituelle. C'est un char-
» latan aux formes communes et aux énormes
» favoris, qui, monté sur des tréteaux, crie à la
» multitude rassemblée autour de lui : *Citoyens*
» *et citoyennes, il faudrait ne pas avoir dans sa*
» *poche la bagatelle de dix-huit millions pour se*
» *passer de la meilleure des républiques.*

» Ah ! mon ami, que de masques tombés,
» que de réputations usurpées et revenues à
» leur état naturel ! Chaque jour voit s'éclipser
» un de ces astres, qui ne brillait que d'un éclat
» emprunté. Nous avons en action la fable des
» bâtons flottans de La Fontaine ; que de dés-
» appointemens ! que de conversions d'honnê-

» tes revenans à la bonne cause, qui avouent avec
» humilité s'être laissé tromper jusque là par
» les apparences!

» Laissons encore couler l'eau, et la majorité
» du peuple viendra à nous ; il est impossible
» qu'il n'ouvre pas enfin les yeux sur les jon-
» gleries avec lesquelles on cherche à surpren-
» dre sa bonne foi. Le ministère actuel n'est
» pas plus solide que les précédens ; M. Laffitte
» n'a pas les épaules assez fortes pour porter le
» fardeau qui pèse sur lui ; il s'en déchargera
» sur M. Périer, qui, modestement, ne veut être
» l'égal de personne, et se tient en arrière jus-
» qu'à ce qu'il puisse primer sur tous.

» En attendant, l'astre de la royauté voit
» graviter autour de lui un tourbillon de géné-
» raux ; l'armée, dans cette circonstance comme
» dans toute autre, fournit le plus grand nombre
» de ceux qui s'empressent, après la victoire,
» de se rallier au vainqueur, etc., etc. »

Cette lettre ne m'apprenait rien de nouveau, nous connaissions la situation de la France. Madame, qui souffrait pour la nation, aurait voulu, au prix de son sang, la rendre heureuse ; tous ses discours et ses actions tendaient à ce but.

On agita à Holy-Rood une grande question, celle de déterminer comment la royauté serait dorénavant entendue ; il existait des gens, ainsi que je l'ai déjà dit, qui prétendaient laisser cette question indécise pour la résoudre plus tard, selon les évènemens. Madame, quoique avec une adresse infinie pour ne choquer aucune prévention, insistait pour qu'on agît d'après l'acte d'abdication ; c'était également l'avis de MM. de Bourmont, d'Haussez et Capelle ; enfin il fut convenu que Charles X, en se réservant la garde de son petit-fils jusqu'à sa majorité, abandonnerait tout le reste de l'autorité à Madame, pleinement investie d'ailleurs par les lois du royaume et les décrets impériaux. La princesse prit en conséquence en main la tutelle de son auguste fils dans toute son étendue.

Elle éprouva cependant un obstacle qu'elle ne put vaincre dans le premier acte émané de sa volonté, celui d'appeler M. de Chateaubriand au titre de gouverneur du jeune prince. Toute la bonne volonté de Madame échoua contre l'opiniâtreté et les préventions de ceux qui s'opposaient à ses désirs.

L'envoyé de la cour de Saint-Pétersbourg et celui du cabinet de Madrid reconnurent, au nom de leur souverain respectif, ce qui venait d'être conclu. Le baron de Damas en donna connaissance à tous les monarques de l'Europe, et une réponse approbative arriva successivement de chaque cabinet. Dès lors Madame parut moins inquiète, sans se dissimuler néanmoins toute la responsabilité qui pèserait sur elle désormais, par suite des fonctions qui lui étaient confiées ; mais il y a en Son Altesse Royale assez de sagesse et d'énergie pour qu'elle s'en acquitte à la satisfaction générale, ainsi que l'avenir le prouvera.

Un des chagrins de Madame, et certes le plus pénible, était les doutes que l'on avait élevés sur la naissance de son fils. De temps en temps quelque libelliste anonyme reproduisait le même texte, que les amis de la légitimité contredisaient dans les feuilles royalistes ; enfin un député, M. Briqueville, ayant répété cette calomnie devant la chambre assemblée, M. Deneux, chirurgien-accoucheur de Madame, envoya à tous les journaux la lettre suivante, qu'insérèrent ceux qui savent respecter la vérité et le malheur :

Paris, 29 janvier 1831.

« Depuis quelques mois de vils pamphlé-
»taires n'ont pas honte d'amasser mensonge
»sur mensonge, pour jeter du doute sur la
»légitimité de Son Altesse Royale monseigneur
»le duc de Bordeaux. Quelque intéressé que
»j'aie pu être dans la question, je n'ai pas cru
»devoir répondre à des misérables qui ne vi-
»vent que de calomnies, et qui, rougissant
»sans doute de leur infamie, se cachent sous
»le voile de l'anonyme. Aujourd'hui qu'un
»député a osé, dans le sein même de la cham-
»bre, répéter ces calomnies, il ne m'est plus
»permis de me taire; quelques mots suffiront
»à ma réponse. Il n'est sans doute pas dans
»l'intérêt de la dynastie assise aujourd'hui sur
»le trône de France, d'envelopper de mystère
»la substitution d'un enfant qui lui portera
»tant ombrage, de cacher un crime qui n'au-
»rait été commis que contre elle.

»Si le silence qu'elle garde ne suffisait pas

»pour convaincre, il resterait un moyen que
» l'honnêteté ne repousserait pas ; je veux parler
» d'une enquête. Plusieurs personnes qui ont
» assisté à l'accouchement de madame la du-
» chesse de Berry existent encore, et, parmi
» elles, il en est qui, sous le rapport de l'hon-
» neur, ne craignent pas la comparaison avec
» M. de Briqueville.

« DENEUX, *signé.* »

Cette lettre et cette provocation à une enquête juridique demeurèrent l'une et l'autre sans réponse. Il est des choses que certaines gens tiennent à ne jamais éclaircir, parce qu'elles tourneraient à leur honte.

CHAPITRE XVII.

—

Le duc de Bordeaux, voyant la tristesse de sa mère, saisissait toutes les occasions de la distraire. Il venait travailler près d'elle, lui demander conseil sur ses études; et lorsqu'il en était séparé, il lui écrivait à toute heure des billets de deux ou trois lignes, remplis de grâce et de sensibilité; mais ces ingénieuses attentions charmaient Madame sans la calmer intérieurement, car, plus son fils se montrait supérieur, et moins elle s'accoutumait à son infortune.

Ce jeune prince commence à sentir vivement ce qui lui manque. Il désire ardemment grandir, afin, dit-il, de s'aider lui-même dans ses affaires. Il demande quelquefois s'il est réellement roi, et paraît peu satisfait des réponses évasives qu'on lui fait. Il m'a dit à plusieurs reprises :

— Veux-tu partir avec moi pour la France ? je crois que si je me présentais aux portes de Marseille, de Montpellier ou de Toulouse, on ne chasserait pas le jeune orphelin.

— Ni en Bretagne, Monseigneur, répondis-je ; tant que vous y paraîtrez seul, vous serez toujours le bien-venu, on n'aura pas peur d'un enfant qui ne demande que ce qui lui est dû, un foyer commun. Car quoi qu'on puisse faire, vous ne serez pas moins toujours Français de sang et de naissance.

— Et de cœur, s'écria Henri de Béarn, et de cœur, entends-tu ? Je veux être tout Français des pieds à la tête, et quand je serai grand, je verrai si l'on persiste à me bannir pour des actes que je connais à peine.

Une autre fois le jeune prince me prit à part, à l'heure de sa récréation, et me dit :

— Me répondras-tu franchement si je t'interroge ?

— Oui, Monseigneur ; car je me ferais un crime de ne pas dire la vérité à Votre Altesse Royale.

— Depuis que nous sommes en Angleterre j'entends parler du duc de Reichstadt, comme ayant aussi des prétentions à la couronne de France ; quel est donc celui-là ?

Cette question imprévue me causa une vive surprise ; ainsi donc, jusqu'à ce moment on avait laissé ignorer au jeune prince le nom du plus redoutable de ses concurrens ! car celui-ci exprime une pensée toute de grandeur et de gloire. Je ne crus pas devoir imiter une réserve qui me paraissait sans but réel, et je lui répliquai : c'est le fils de Bonaparte.

— Celui que le pape a sacré empereur des Français ?

— Oui, Monseigneur.

— Où est-il ?

— A Vienne.

— Pourquoi ?

— L'empereur d'Autriche est son grand-père, car sa fille l'archiduchesse Marie-Louise avait épousé Bonaparte.

— C'est donc aussi un cousin que celui-là ?

Je me rappelai alors la célèbre chanson de Béranger, et je soupirai. Le noble enfant voyant que je ne lui répondais pas, reprit :

— Crois-tu que les Français l'aiment ?

— Non, Monseigneur.

— Le préfèrent-ils à moi ?

— Cela est impossible.

Henri de Béarn parut réfléchir, puis il ajouta :

— Je vois que j'ai beaucoup à faire pour me rendre plus digne qu'aucun de mes cousins de l'amour des Français ; aussi ce ne sera pas ma faute si tous ceux qui me disputeront la couronne l'emportent sur moi.

Son Altesse Royale me quitta pour aller rejoindre sa sœur, qui venait à lui, et moi je me hâtai de courir chez Madame, à laquelle je répétai la conversation que je venais d'avoir avec son fils, en lui témoignant mon étonnement de ce qu'elle n'instruisait pas Monseigneur des choses qu'il lui importait le plus de savoir.

— Ce n'est pas ma faute, me répondit Madame. On prétend que ce silence entre dans le plan de son éducation ; j'ai dû moi-même rectifier ce qu'on lui avait appris relativement à Bonaparte, tant c'était chose ridicule ; au reste, je ne sais comment on prendra ce que vous lui avez dit.

Le lendemain le baron de Damas me fit appeler ; il me questiona sur ce qui s'était passé entre le prince et moi, et je ne crus pas devoir le lui cacher. Il me blâma beaucoup de ne pas m'être tenu dans une réserve absolue, prétendant qu'il n'était pas temps encore d'instruire Son Altesse Royale de certaines choses qui troubleraient trop son imagination.

— J'avoue, monsieur, répondis-je, que, si j'ai commis une faute, elle a été involontaire ; car je n'ai vu nulle indiscrétion à parler au prince comme je l'ai fait. Grâce au ciel, je ne lui ai rien dit contre la religion, la morale ou la monarchie !

— Vous n'êtes pas assez versé dans la politique, mon cher, répliqua le gouverneur, pour comprendre votre tort, et je vous serai obligé, à chaque question que vous adressera désormais Monseigneur, de lui dire de s'en référer à moi, qui lui donnerai toutes les explications convenables.

Le baron me parla sans aigreur ; et, je dois rendre justice à ses bonnes intentions, il se doute à peine que son plan d'éducation est peu d'accord avec les lumières de l'époque actuelle. Quoi qu'il en soit, depuis ce moment on me traita tout aussi bien qu'avant, seulement on eut le soin que Monseigneur ne se trouvât pas aussi souvent seul avec moi.

Nous apprîmes à cette époque qu'on faisait en France des visites domiciliaires chez un grand nombre de personnes, connues pour conserver un vif attachement à l'ancien ordre de choses. On citait entre autres un honnête royaliste de Lyon, M. de Tauriac, ex-gentilhomme de la chambre du roi, et qui avait mis au feu une liasse de papiers qu'on supposait d'une grande importance.

Les journaux ont aussi parlé des perquisitions qui ont été faites dans la Vendée chez M. de Cadoudal; elles furent suivies d'actes de rigueur plus positifs. On essaya d'arrêter les deux frères; mais, bien avertis, ils prirent aussitôt la fuite et passèrent en Angleterre.

Ces braves défenseurs d'une cause pour laquelle les leurs ont prodigué leur sang, se hâtèrent de franchir la distance qui les séparait d'Holy-Rood. Ils furent reçus par la famille royale selon leur mérite et de manière à les consoler des persécutions dont ils étaient victimes. Madame la Dauphine dit en les voyant :

— Nous ne serons plus seuls ; voici nos fidèles Vendéens. Vous venez, messieurs, augmenter une famille dont vous méritez toute la reconnaissance.

Charles X leur exprima avec chaleur le plaisir qu'il avait à les voir. Quant à Madame, elle leur dit d'un ton profondément ému :

— Messieurs, venez-vous me chercher ? M'est-il permis de vous suivre ?

Ces nobles Français, touchés jusqu'aux larmes, tombèrent aux pieds de monseigneur le duc de Bordeaux, car ils le reconnaissaient pour leur véritable souverain. Le jeune prince les releva en leur disant :

— Vous à mes pieds, messieurs ! Ah ! c'est dans vos bras que je dois être.

Et il s'y précipita avec autant d'effusion que de majesté. Cette scène attendrit les spectateurs, et il s'échappa de toutes les bouches un cri de *Vive le roi !* qui, en Écosse, parut fort légitime, bien qu'il eût été séditieux en France.

Messieurs de Cadoudal, enchantés d'une pareille réception, se crurent trop récompensés des infortunes que leur fidélité avait attirées sur leur tête.

CHAPITRE XVIII.

—

M. d'Hérouville, dont le royalisme éprouvé est le moindre de ses mérites, était venu, un peu avant cette époque, augmenter la société d'Holy-Rood. Il entretint Son Altesse royale de la situation des affaires en France, et lui certifia qu'un mouvement en faveur de Henri V serait suivi de succès, mais qu'on ne pouvait l'entreprendre sans le concours d'un des membres de la famille royale, dont la présence était indispensable.

Madame, dont l'unique désir était d'aller en personne augmenter l'enthousiasme des partisans de son fils, comprenait parfaitement ces raisons ; mais, seule, que pouvait-elle faire contre les obstacles invincibles qui suspendaient le consentement de Charles X ?

Il y a des personnes qui croient que le premier devoir d'un sujet fidèle est de ne point exposer la sûreté des princes, même lorsqu'il s'agit de toutes les espérances d'une nation. Il y aurait là-dessus trop à dire, et ce serait soulever des questions si délicates, que je dois peut-être déjà me reprocher de faire apercevoir ma réticence au lecteur.

Il ne dépendait également pas de Madame de fournir les sommes que MM. de Cadoudal réclamaient pour l'entreprise; elle n'avait ni fortune ni trésor au service de la fidélité. Les puissances, quoi qu'en aient dit les journaux, ne mettaient pas des millions à la disposition de la famille royale. La Russie, qui avait à réprimer la révolte de la Pologne, ne pouvait descendre en Europe avant d'avoir soumis ce peuple; l'Autriche regardait avec inquiétude l'Italie, et la Prusse pensait peut-être que le temps n'était pas encore venu de se déclarer pour la légitimité. Quant à l'Espagne, dont les bonnes intentions étaient paralysées par la misère de sa population, nous ne pouvions guère en espérer des secours qu'à une époque plus éloignée.

C'étaient des données positives que dans l'Ouest on ne pouvait apercevoir aussi bien qu'à Holy-

Rood. Le zèle impétueux de ces braves royalistes ne comprenait pas que la sympathie des étrangers pour la légitimité n'existe que lorsqu'elle se rattache à leurs propres intérêts, et qu'ils ne peuvent mettre en marche des armées sans avoir fait à l'avance de grands préparatifs. Son Altesse Royale d'ailleurs avait peu de penchant à faire accepter, dans toute leur étendue, les secours des rois alliés; elle voyait avec inquiétude la possibilité d'une autre coalition, et d'après les bruits qui lui en revenaient indirectement de toutes parts, elle tâchait de l'éloigner ou de la dissoudre, et se prononçait contre son opportunité. Au reste, voici ce qu'au mois de mars de cette année un des plus grands princes du Nord écrivait à Madame, qui s'était adressée à lui avec autant de chaleur que de confiance :

« Madame,

» Je voudrais pouvoir répondre à Votre Altesse Royale d'une manière conforme à ses
» désirs, en évitant de faire marcher contre la
» France les troupes que je destine à cette
» guerre lorsqu'elle viendra à éclater; mais il

» n'est pas en mon pouvoir de rien décider à
» ce sujet, étant lié par le traité de la Sainte-
» Alliance, dont un des articles oblige chacun
» des signataires à tout tenter pour comprimer
» la rébellion partout où elle se montrera. Si
» les serviteurs du roi votre fils ont assez de
» force pour effectuer en France la contre-révo-
» lution avant que les divers contingens euro-
» péens soient en route, nous nous tiendrons
» en repos ; mais si dans le cours de cette an-
» née la question était encore indécise, nous
» la déciderions immédiatement après, car il
» faut avant tout maintenir le principe sacré de
» la légitimité. La France, d'ailleurs, qui par ses
» dissensions trouble depuis quarante ans la
» paix de l'Europe, a besoin d'être pacifiée
» autant dans ses intérêts que dans celui des
» autres puissances. Bientôt la minorité du roi
» votre fils demandera à être appuyée sur la
» force; cette force viendra de notre concours,
» et nous travaillerons à ce qu'il ne soit plus
» question dans ses états de ces principes per-
» turbateurs qui agitent le monde, et que nous
» devons extirper dans l'intérêt de tous les
» trônes.

» Il me serait doux aussi de pouvoir offrir à
» Votre Altesse Royale les sommes nécessaires
» pour opérer la contre-révolution par le seul
» soulèvement de l'intérieur, mais les calamités
» qui pèsent sur mes états ne me permettent
» point de suivre en cela l'impulsion qui m'y
» porte; j'ose à peine envoyer à Votre Altesse
» Royale ce que je puis mettre à sa disposition,
» et je ne m'y décide que dans l'espérance qu'elle
» y verra du moins mon extrême désir de la
» servir.

» Mes alliés ne sont pas plus riches que moi;
» la commotion qui a ébranlé l'Europe se fait
» sentir depuis le premier degré de l'échelle
» jusqu'au dernier. C'est le cas où de fidèles
» serviteurs devraient imposer des taxes volon-
» taires sur leur fortune, afin de servir la cause
» de leurs princes. L'égoïsme, qui dans ces
» circonstances ferme sa bourse, fait un mau-
» vais calcul; car le temps viendra où il sera
» forcé de la vider tout entière, si les puis-
» sances de l'Europe sont contraintes une troi-
» sième fois à venir occuper la France : c'est
» une vérité qu'il m'est pénible de dire à Votre

»Altesse Royale, et dont je voudrais que ses
»agens fussent convaincus.

»La reconnaissance que nous faisons aujour-
»d'hui du gouvernement français ne nuit en
»rien aux droits de la légitimité. Tous les mo-
»narques avaient reconnu Napoléon Bonaparte
»empereur des Français, et cela n'a pas em-
»pêché qu'ils ne l'aient détrôné pour rendre
»au roi votre oncle la couronne de ses pères.
»Ainsi donc que ce sacrifice passager fait aux
»circonstances cesse d'alarmer Votre Altesse
»Royale; nous sommes tous intéressés à ce que
»la branche aînée des Bourbons tienne tou-
»jours le sceptre de France.

»Veuillez donc, madame la duchesse de
»Berry et régente, etc., etc. »

Cette réponse, comme on doit le croire, fut loin de tranquilliser Madame, puisqu'elle lui fournit la certitude que les puissances étrangères ne renonçaient pas au projet d'une troisième invasion. Elle en éprouva une vive douleur; et une personne d'Holy-Rood ayant choisi maladroitement ce texte pour la féliciter sur ces assurances de rétablissement, la princesse repartit avec vivacité :

— Eh ! monsieur, Dieu me préserve de m'en réjouir ! Il est un moyen infaillible de m'empêcher de retourner en France avec mon fils, c'est celui de prétendre l'y faire rentrer avec le concours des armées étrangères. Henri V doit se montrer aux Parisiens au milieu de Français fidèles, et non à la suite de bataillons de Cosaques et autres. Mon fils, j'en suis persuadée, ne voudrait pas de la couronne à ce prix, s'il était en âge de prendre lui-même une décision.

Quelque temps après, Madame me prenant à part me dit :

— Que pensez-vous de ces hommes qui osent rêver l'invasion étrangère ? Sont-ce là de vrais citoyens ! Oh ! non, la crainte de prendre soi-même les armes peut seule faire naître ce vœu parricide. Quelle restauration, grand Dieu ! que celle qui reposerait sur le triomphe de nos ennemis, sur de nouvelles pertes de territoire, des villes incendiées, des campagnes ravagées, et mille autres calamités dont je n'ose envisager l'horrible tableau ! Que mon fils meure loin de sa patrie plutôt que de consentir à attirer tant de maux sur elle !

Madame se maintint toujours dans cette noble pensée. Toutes ses idées, toutes ses opinions étaient les miennes ; aussi n'étais-je que rarement d'accord avec ceux qui trouvaient tout naturel que les royalistes se tinssent tranquilles en attendant les alliés, malgré la honte qui devait en rejaillir sur eux comme Français.

On pouvait fonder des espérances plus certaines sur un mouvement intérieur général et simultané. Il y avait trois maréchaux sur lesquels on croyait pouvoir compter, ainsi que sur une foule de lieutenans-généraux. Il fallait surtout faire fond sur les officiers de grades inférieurs, et plus encore sur les sous-officiers dont les opinions sont contraires à la souveraineté du peuple ! Tous les émissaires qui arrivaient de France ne cessaient de représenter l'armée comme humiliée, et supportant avec impatience la révolution de juillet. Madame espère beaucoup de ces mécontens lorsqu'elle mettra le pied sur le territoire ; car son dessein est irrévocablement arrêté sur ce point, elle veut partager les périls de ceux qui prendront les armes pour son auguste fils.

Un peu avant le mois de mars, M. de Rémoné, bon royaliste, était arrivé à Edimbourg dans la compagnie d'un Espagnol, non moins dévoué, bien qu'il appartînt à une classe inférieure, car il était attaché à notre compatriote en qualité de son domestique. Ce M. de Rémoné m'avait été adressé par M. de M...., dont les opinions prononcées cadraient merveilleusement avec les miennes. J'eus du plaisir à le voir : il m'avoua tout d'abord qu'il venait dans le seul but de contempler encore la famille royale, objet de tout son amour; qu'il était riche, sans ambition, et libre, par conséquent, de ses actions. Il me questionna beaucoup sur les habitudes des princes, et sur la manière dont ils passaient leur temps à Holy-Rood; mais sa curiosité n'avait rien d'indiscret.

De son côté, il m'apprenait ce qui se passait à la cour de Louis-Philippe. Il en savait des particularités fort plaisantes, et s'attachait surtout à me peindre les doctrinaires, qu'il ne ménageait pas. M. Guizot, à l'entendre, se créait un petit univers d'admirateurs, dont il ne sortait pas. Le modeste théoricien, s'enivrant à plaisir de l'encens de ses thuriféres officiels, s'imaginait que chacun devait apporter à ses pieds son tribut de louanges. Il avait, pendant son ministère, laissé tomber son portefeuille en quenouille, et cela de la meilleure grâce du monde, car il croyait à sa signature comme à un talisman administratif et politique.

M. Dupin, bien plus habile, que la révolution a eu la maladresse de répudier, était l'homme qui faisait mouvoir les fils de tous les *puppi napolitani* qui composent le conseil secret du Palais-Royal. Il était parvenu à faire plier toutes les volontés à la sienne, en conservant une sorte d'indépendance au milieu du servilisme républicain, qui égale, s'il ne le surpasse, celui qu'on a reproché à la monarchie.

Je savais par lui que Louis-Philippe était entouré de demi-capacités et de novices, persuadés qu'ils avaient reçu avec le baptême de juillet toutes les vertus théologales du gouvernement; que le baron Athalin, par exemple, était plutôt un artiste qu'un homme d'état, excellent pour choisir un tableau, mais non pour rédiger une ordonnance; que le bon M. de Rumigny tenait beaucoup mieux sa place dans un salon que dans un ministère ; que M. Vatout n'était qu'un de ces littérateurs dont on ne s'occupe que quand ils sont là, et qu'on oublie complètement dès qu'on ne les voit plus.

M. de Rémoné était inépuisable en traits de ce genre ; je m'en amusais beaucoup, et de mon côté je lui procurais la satisfaction de voir tout à son aise un des membres de la famille royale, car je savais le prix qu'il attachait à cette faveur. Mais des affaires le rappelèrent tout-à-coup en France. Il me proposa de prendre à mon service son domestique, homme probe et intelligent, parce que voulant voyager dans le nord de l'Europe, il souhaitait se faire accompagner d'un Allemand, qui lui servirait d'interprète dans les pays qu'il parcourrait.

— Je vous fais, me dit-il, un véritable présent dans José, et vous pouvez le prendre en toute confiance.

Cette proposition me fut faite au moment même où un Anglais, qui me servait en qualité de domestique, me demanda son congé. Je connaissais le mérite de José, sa fidélité et son attachement aux Bourbons ; je n'hésitai donc point à me charger de lui, et je n'ai qu'à me louer d'abord de cette acquisition. Cependant je ne l'employai pas encore dans le travail que je lui destinais plus tard, et qui concernait mes rapports avec mes maîtres, non pas par méfiance, mais par une prudence naturelle.

Quelques jours après le départ de M. de Rémoné, je reçus une réponse d'un de mes amis domicilié à Paris, ex-officier de la maison du roi, auquel j'avais parlé de ma nouvelle connaissance dans les termes les plus flatteurs, et en lui manifestant tout le plaisir que son séjour à Holy-Rood m'avait procuré.

J'ai demandé en cent endroits quel est ce M. de Rémoné, me répondait mon ami ; mais nul des nôtres ne le connaît, bien que j'aie reproduit avec exactitude le portrait que tu m'en as fait. Mais en revanche M. de C..., dont tu connais la fidélité, m'a affirmé qu'un M. de Mes... (le signalement a quelque rapport avec celui de ta nouvelle connaissance) a rôdé autour de lui pour obtenir des recommandations qui pussent l'introduire à Holy-Rood. M. de C... s'est refusé à sa demande, d'autant mieux qu'il le soupçonnait d'être tout dévoué aux ennemis de notre royale famille. Il ne s'est pas expliqué davantage sur ce point, mais je suis chargé, de sa part, de te mettre en garde contre un personnage qui pourrait bien avoir deux noms, s'il n'a deux visages, et il m'a remis à tout hasard un billet de M. de Mes..., écrit le matin même, afin que tu le confrontes avec l'écriture de ton M. de Rémoné, qui nous tombe des nues.

Cette réponse de mon ami me causa une vive inquiétude, d'autant plus qu'en jetant les yeux sur le billet qu'il m'envoyait j'y reconnus les mêmes caractères tracés dans deux ou trois lettres que M. de Rémoné m'avait écrites. Une pensée affreuse me saisit. Avait-on voulu me faire servir d'instrument à une horrible trahison? ou voulait-on seulement surprendre ma confiance pour obtenir les secrets de mes maîtres malheureux? cela me paraissait assez probable, si dans cette intention on avait mis près de moi le domestique espagnol, dont je m'étais chargé un peu légèrement.

Voulant m'assurer immédiatement si mes conjectures étaient fondées, je donnai à José une série de commissions, qui devait le retenir long-temps dans divers quartiers d'Edimbourg. Dès qu'il fut parti, je m'armai d'un marteau et d'un ciseau de menuisier, je montai dans sa chambre, et, allant droit à sa malle, je remarquai qu'elle était en très bon état et fort bien conditionnée. Je soulevai les planches du fond pour m'assurer de son contenu; mais je n'y trouvai rien qu'un chiffre particulier pour l'écriture. Je m'en emparai aussitôt et l'emportai chez moi. C'était une pièce de conviction que je ne prétendais pas rendre. Puis je reclouai la malle avec autant de soin que j'en avais mis à l'ouvrir.

Lorsque José rentra, j'attendis qu'il m'eût rendu compte des commissions qu'il était chargé de remplir, puis je lui dis brusquement :

— M. de Rémoné vient d'être arrêté à Londres.

Une exclamation, qui pouvait être prise pour de la surprise, fut d'abord la seule réponse de l'Espagnol. Il me demanda ensuite si l'on savait la cause de cette arrestation.

— Oui; il est accusé d'avoir voulu faire périr le duc de Bordeaux. On a saisi sur lui un chiffre, dont il a avoué vous avoir donné le double.

A peine eus-je prononcé ces mots, que j'eus à me repentir de mon imprudence. José, avec un blasphème affreux, tira une sorte de poignard qu'il tenait caché dans la poche de son habit, et essaya de m'en porter un coup mortel. Je le parai heureusement; et comme, grâce au ciel, j'ai quelque force dans le bras, je me précipitai sur ce lâche assassin, que je renversai sans peine en appelant du secours. Lorsqu'on vint, j'étais parvenu à désarmer l'Espagnol, que je tenais rudement sur le carreau avec un genou appuyé sur sa poitrine. On le lia, et il fut conduit devant le juge, qui l'interrogea sans pouvoir d'abord en obtenir aucune réponse. Deux jours après, on le trouva expirant dans son cachot. Il avait avalé du poison qu'il avait pris, ou qu'on lui avait donné, car ce fait n'est point éclairci.

Nous tâchâmes cependant d'étouffer cette funeste affaire. Je fis courir le bruit que mon valet s'était porté à cette extrémité, par cela seul que j'avais paru mécontent de son service. Il y eut des gens qui ne se laissèrent point prendre à ce subterfuge, qui répétèrent et brodèrent cette histoire. Elle passa la Manche, et devint le texte de l'anecdote insérée plus tard dans la *Quotidienne*, relativement à la prétendue tentative d'assassinat sur la personne de monseigneur le duc de Bordeaux. Il est certain que cette intrigue, dont je donne les détails, se rattachait à un crime semblable; mais, grâce à Dieu, il n'a jamais reçu un commencement d'exécution.

Au lieu de me reprocher la facilité avec laquelle j'avais pris un domestique sur la seule recommandation d'un étranger, on ne me fit que des éloges de ma prudence, qui m'avait empêché de l'introduire au palais d'Holy-Rood et chez Son Altesse Royale Madame. Mais ma conscience, moins indulgente, me condamnait avec trop de sévérité pour que je ne me promisse pas, si jamais la Providence amenait sur mon chemin le sieur Rémoné, de lui faire payer cher ma complicité involontaire.

Madame prévint de cet évènement le ministère anglais, et n'hésita pas à lui manifester les soupçons qu'il lui inspirait. La réponse ne se fit pas attendre; elle annonçait que des mesures de police allaient être prises pour déjouer à l'avenir les complots qui pourraient se tramer contre la famille royale; mais elle disait en même temps qu'il ne fallait pas accuser un homme dont on voulait faire mal à propos le bouc émissaire de toutes les intrigues, tandis qu'il ne songeait à nuire à personne. Madame fut obligée d'avoir l'air de se contenter de cette justification, bien que rien ne pût ébranler sa conviction sur l'attentat qui avait été projeté contre son fils.

CHAPITRE XIX.

Cependant on organisait à Holy-Rood un grand travail auquel devaient coopérer les diverses personnes investies de la confiance des princes. Il était question d'organiser un mouvement général qui devait éclater dans les différentes parties du royaume, le même jour et à la même heure. Voici en quoi consistait cette entreprise dans les articles qu'il n'est pas nécessaire encore d'ensevelir sous le voile du mystère.

1° Dans une séance solennelle indiquée soit à Barcelone, soit à Pampelune, afin qu'un très grand nombre de Français pussent y assister, le roi Charles X et monseigneur le Dauphin, en présence des princes espagnols, de certains prélats, et de grands d'Espagne appelés pour servir de témoins, renouvelleraient ou confirmeraient leur abdication en faveur de leur petit-fils et neveu.

2° Un second acte de ces princes concéderait à Madame duchesse de Berry tous droits à la régence, renonçant eux-mêmes à ceux qu'ils pouvaient y avoir.

3° La régente et les personnes de la famille royale procéderaient ensuite à la formation du conseil général de régence, qui perpétuerait ses fonctions jusqu'à la nomination solennelle et définitive du conseil national de régence, qu'institueraient les états-généraux du royaume de France ;

4° Madame la régente, après avoir pris les avis du conseil provisoire, convoquerait à Toulouse, pour cette année seulement, les états-généraux, dont, par mesure d'urgence, elle réglerait le mode de nomination, qui plus tard deviendrait le fait de l'assemblée ;

5° Nomination de quatre maréchaux de France pour prendre le commandement de quatre armées d'insurection royaliste, au midi, au nord, à l'ouest et à l'est. Le duc de Raguse dans la Vendée, le comte de Bourmont dans la Vendée et la Bretagne ; les deux autres sont connus, mais le cinquième, désigné *in petto*, devait se tenir prêt à diriger la garde nationale de Paris et du centre de la France. Le bâton de connétable serait mis en réserve pour récompenser celui qui donnerait les plus grandes preuves de dévouement ;

6° Dès que le Languedoc serait dégagé, Madame la régente et le roi son fils viendraient ouvrir les états-généraux à Toulouse, tandis que madame la Dauphine occuperait l'ouest, et que monseigneur le duc d'Angoulême se montrerait à Lyon ;

7° Tout corps de troupes offert par les puissances étrangères ne serait pas accepté, à l'exception de l'armée espagnole, attendu qu'elle fait partie de la grande famille française, parce qu'elle a pour chef une branche de la maison de Bourbon ;

8° Une proclamation de la régente accordera confirmation de grade à tout officier français qui, dans les premiers mois du soulèvement, aura fait sa soumission. Amnistie pleine et entière aux déserteurs qui rejoindront les troupes royales. Punition et châtiment à tout chef civil ou militaire qui prolongera la résistance;

9° L'antique constitution française rétablie, avec les modifications en rapport avec les idées nouvelles;

10° La presque totalité des places données au concours;

11° Les anciens droits des cités maintenus. La liberté individuelle assurée. La liberté de la presse fondée sur des lois sévères contre les abus;

12° Toutes les questions graves d'administration soumises aux états-généraux, qui seuls pourront ordonner la levée des impôts.

Ce furent les principales dispositions sur lesquelles Madame doit établir son entreprise, et qui dès lors ont été désignées sous le nom des douze articles. Plusieurs prouvent combien nos princes désirent faire des concessions aux exigeances du siècle, et la ferme résolution de Son Altesse Royale de fonder la monarchie de son fils, si la providence lui rend sa couronne, de manière à ce qu'elle n'ait rien de ce pouvoir absolu, rejeté par les idées nouvelles.

Lorsque tout fut conclu, on procéda à l'exécution de l'entreprise, chacun reçut sa mission. Madame, qui me traitait avec une bonté particulière en reconnaissance sans doute de mon dévouement, me demanda ce que je pensais de cette grande mesure.

—Je désire, repartis-je, qu'elle soit promptement exécutée, car si on tarde trop j'ai peur...

Je m'arrêtai craignant d'aller trop loin.

—Eh bien! reprit la princesse, que craignez-vous, monsieur?

— Hélas! Madame, puisque Votre Altesse Royale m'ordonne de parler, je crains qu'il n'en soit de tout ceci comme du cheval du curé de mon village, à qui M. le curé met la selle sur le dos, mais qu'il ne bride pas toujours!

— Un proverbe! dit Madame avec émotion et comme si elle était blessée de ma franchise.

— Oui, Madame, un proverbe; il en est quelquefois de fort justes et qui expriment parfaitement la pensée. Daignez donc me pardonner d'avoir cité celui-ci. Un des articles veut que monseigneur le duc de Bordeaux soit de nouveau proclamé roi de France par l'auguste famille d'Espagne, et j'avoue que cette clause m'inquiète.

— Pourquoi? me demanda vivement Son Altesse Royale.

— Parce qu'il faut pour que la cérémonie ait lieu que Sa Majesté Charles X et monseigneur le Dauphin quittent Édimbourg, afin de passer en Espagne, et je crains qu'ils ne le fassent de long-temps.

Madame réfléchit un moment, puis elle ajouta :

— Ils aiment mon fils.

— Personne n'en doute, madame; mais lors même que les princes ne mettraient point eux-mêmes obstacle à ce voyage, il est probable que le cabinet britannique se chargera d'en susciter, car il a un grand intérêt à garder Henri de Béarn comme otage. Et ne pourrait-il pas, dans ce but, user de certaines influences auprès du monarque et de M. le Dauphin pour les décider à ne pas s'écarter de l'empire britannique?

Je reconnus que Madame m'avait compris à la rougeur qui couvrit son front, et aux larmes qui remplirent ses yeux.

— N'importe! s'écria-t-elle avec feu, j'aurai mon fils en dépit de toutes les intrigues ; car je suis régente, et mon titre est un droit.

Rien n'était plus vrai en principe, mais il ne devait pas en être de même dans l'application. Ce que j'avais prévu arriva ; on circonvint le roi, sous le voile d'un faux intérêt, et on lui conseilla de ne pas exposer sa famille à des chances incertaines avant de s'être assuré du concours des souverains de l'Europe. On lui fit observer que si l'Espagne faisait une levée de boucliers sans succès, cela amènerait nécessairement une grande défaveur sur la cause de Henri de Béarn ; que trop de précipitation serait nuisible, et qu'il ne fallait que gagner du temps pour arriver au but qu'on se proposait. On représenta, en outre, à Sa Majesté, les mers voisines couvertes de vaisseaux français qui pourraient mettre en danger la sûreté de la famille royale, dans le cas où un capitaine téméraire tenterait un coup hardi.

Charles X, depuis 1789, a toujours eu beaucoup de déférence pour le cabinet de Londres, et dans cette occasion, sans renoncer au projet arrêté dans la famille, il crut qu'il l'exécuterait avec plus de certitude en remettant son voyage en Espagne à un temps plus reculé.

Madame, avec sa vivacité accutumée, essaya de combattre cette nouvelle détermination, et elle fut soutenue avec chaleur par tout ce qu'il y avait de serviteurs véritablement dévoués autour du prince, et même par MM. d'Haussez et Capelle; mais il y eut parmi nous des personnes qui, bien qu'attachées sincèrement à la cause de leur maître, se déclarèrent contre cette expédition, et s'associèrent, par les méticuleux conseils de leur incapacité, à la politique insidieuse du ministère anglais.

La décision de Sa Majesté Charles X, je suis forcé d'en convenir, troubla la bonne intelligence qui régnait entre les exilés; il y en eut qui s'expliquèrent avec une vigueur qui tenait de l'indignation; des reproches amers furent adressés, et ne restèrent point sans réponse. Dès lors la discorde se mit momentanément dans Holy-Rood; plusieurs habitans même quittèrent Édimbourg par suite de cette désunion : chacun, à la vérité, désirait le succès de la cause commune, mais malheureusement on était loin de s'entendre sur les moyens d'y arriver.

Sur ces entrefaites, vint à Édimbourg madame de..., toujours mêlée à quelque intrigue, et qu'on s'étonnait de ne pas avoir encore vue; elle nous donna des nouvelles de Paris, où un ministère nouvellement installé se traînait dans la même ornière que les deux qui l'avaient précédé. — Vous ne pouvez vous faire une idée, poursuivit madame de..., de l'avidité des doctrinaires libéraux, qu'on comparerait justement à nos intendans d'autrefois. Les écrivains qui, sous Louis XVIII et Charles X, avaient tant prêché la liberté, sont devenus les plats flatteurs du nouveau pouvoir; et, en outre, ce sont les médiocrités qui gouvernent, attendu qu'on a pris soin de mettre à l'écart tous ceux chez qui la hardiesse des vues fait soupçonner quelque génie.

Madame de... nous demanda ensuite ce que nous savions relativement au fameux achat des fusils anglais avec les fonds du gouvernement français, et pour le compte de M. Gisquet. Nous lui répondîmes qu'on pensait en Angleterre que, de tous les hommes de la révolution, celui-là devait être le plus pauvre arithméticien, et qu'on avait trompé sa bonne-foi de la manière la plus évidente, en lui vendant des armes le double de leur valeur.

On questionna ensuite madame de... sur la cour et sur la famille du roi Philippe.

— La cour, dit-elle, commence un peu à s'épurer : on y voit moins de ces *messieurs* et de ces *dames*, que juillet avait fait sortir des boutiques; ils sentent eux-mêmes que l'atmosphère de cette région est trop subtile pour ceux qui n'y sont point accoutumés. Quant aux nôtres, qui ont la fidélité du chat, ils rentrent déjà au Palais-Royal, où ils seront incessamment en majorité. Tout alors reprendra l'ancienne physionomie; mais il faut attendre pour cela que la nouvelle liste civile soit votée.

— Et Louis-Philippe?

— Il commence à se montrer un peu plus avare de poignées de main ; cependant il prodigue encore ses sourires à tout le monde. Mon neveu, qui est un des chefs de bataillon de la garde nationale, dîna, il y a deux mois, à la table du roi avec un honnête bottier, qui n'y est plus revenu depuis. Sa Majesté tient toujours le dé dans le conseil, en dépit des crispations nerveuses de M. Casimir Périer, qui souffre impatiemment qu'un autre que lui ait la parole.

— Et la reine?

— La reine s'occupe plus de ses devoirs de mère de famille que des affaires de l'état ; elle est sans crédit apparent. Figurez-vous que les ministres n'ont aucun égard à ses recommandations ; je pourrais à ce sujet vous citer des anecdotes très piquantes.

— Et la princesse Adélaïde?

— On dit qu'elle a beaucoup d'influence sur le roi, et qu'elle donne dans les idées nouvelles plus qu'aucun autre membre de sa famille. On a répandu le bruit absurde de son mariage secret avec le premier aide-de-camp de son frère ; mais ce mensonge commence à n'être plus admis que par les provinciaux.

— Et l'héritier présomptif?

— Celui-ci est prince dans toute la force du mot.

Madame de... cessa brusquement la conversation après cette dernière phrase, sans que je pusse m'en expliquer le motif.

Quelques jours après, Son Altesse Royale, mère de Henri de Béarn, se montra dans le billard où se réunissent habituellement les fidèles; elle tenait à la main un numéro du Bulletin des lois, qu'on reçoit à Holy-Rood.

— Messieurs, dit-elle, je reçois aussi ma *destitution*. Louis-Philippe ne respecte pas plus mon titre particulier qu'il n'a respecté la couronne de son petit-neveu; je ne suis plus *Madame*, duchesse de Berry, mais simplement madame la duchesse de Berry.

Nous entourâmes Son Altesse Royale pour lui demander l'explication de ces paroles, alors elle nous lut tout haut une ordonnance signée Louis-Philippe, insérée dans le Bulletin des lois, qui accordait à mademoiselle Eugénie-Adélaïde-Louise d'Orléans, le titre de *Madame*, sœur du roi.

Nous ressentîmes tous une douleur profonde de cet acte, qui nous parut une attaque directe contre une nièce qu'on aurait dû respecter dans ses malheurs. Madame nous dit avec une émotion bien naturelle :

— J'étais loin de me douter, lorsque je n'épargnai aucune sollicitation pour obtenir de Louis XVIII le titre d'Altesse Royale pour toute la maison d'Orléans, que la récompense serait une usurpation au petit pied d'un titre acquis, et, que selon l'usage, celle qui le porte ne perd jamais, bien que parfois l'ordre de progéniture l'éloigne un peu plus du trône.

Un des nôtres dit alors :

— Le feu roi avait raison de refuser à cette famille l'Altesse Royale.

— Et Charles X a fait mieux encore en la lui accordant, répliqua Madame; car, en comblant la maison d'Orléans, il a rendu encore plus frappante l'ingratitude qu'elle a montrée à son égard.

CHAPITRE XX.

Je reçus à cette époque une lettre d'une personne attachée à la famille régnante, et avec laquelle j'étais en correspondance. Cette lettre renfermait, entre autres détails, ceux qui concernaient la fameuse madame Feuchère, la mort inopinée du duc de Bourbon, ainsi que le fait suivant :

« On a trouvé chez M. M... une consultation
» pour un *cas de conscience ;* les révélations
» qu'elle renferme ont paru devoir motiver
» l'action du procureur du roi. L'auteur de
» cette consultation devait toucher une somme
» très forte en vertu d'un testament ; il croit
» que la mort du testateur n'a pas été naturelle,
» et il est certain qu'il avait l'intention de
» revenir sur ses premières dispositions. Il
» soumet encore plusieurs questions délicates
» à la personne consultée, qui est un ecclésias-

» tique éclairé, et lui demande enfin si sa
» conscience lui permet d'accepter un héritage
» qu'il doit, selon toute apparence, à la vio-
» lence et à la trahison. »

Cette lettre, qui n'était écrite que depuis quarante-huit heures, était arrivée sous une enveloppe, et se trouvait sans inscription, lorsqu'on l'avait présentée au curé, pour qu'il eût à la reconnaître; il en arracha la signature, la mit dans sa bouche, et l'avala, avant qu'on eût pu l'en empêcher. Le ministère public est intervenu pour obtenir des renseignemens judiciaires, prétendant qu'une consultation écrite ne pouvait être regardée comme une confession orale, dont un article du code interdit d'ordonner la révélation. Il est inutile d'ajouter que le curé refuse de répondre à aucune question relative à cette lettre.

On ne doutait point à Paris que ce fait se rattachât au meurtre présumé du duc de Bourbon. Nous avions à Holy-Rood la certitude que Son Altesse Royale était décidée à se retirer en Angleterre pour y rejoindre la famille royale. Le prince avait écrit à Madame le 12 août 1830, pour la prévenir de ce projet, et des nouvelles dispositions testamentaires qu'il voulait faire en faveur du duc de Bordeaux.

Il est de notoriété publique que le départ de Son Altesse Royale était fixé au lendemain du jour où il termina sa carrière ; il est également certain que le legs fait à madame la baronne de Feuchère aurait été diminué de beaucoup, si même il n'eût pas été cassé entièrement, sans la mort du prince.

Cependant on s'occupait toujours de nous en France; car le 15 mars M. Baude, ex-préfet de police, et membre de la chambre des députés, présenta à celle-ci un projet de loi conçu en ces termes:

1° L'ex-roi Charles X, ses descendans, et alliés de ses descendans, sont bannis à perpétuité du territoire français, et ne pourront y acquérir, à titre onéreux ou gratuit, aucun bien, y jouir d'aucune rente ou pension.

2° Les personnes désignées dans l'article précédent sont tenues de vendre, dans le délai de six mois à dater de la promulgation de la présente loi, tous les biens sans exception qu'elles possèdent en France.

3° Si la vente n'est pas effectuée dans le

délai prescrit, il y sera procédé par l'administration des domaines, dans les formes déterminées pour l'aliénation des biens de l'état. Le produit des ventes, déposé à la caisse des consignations, sera tenu à la disposition des fondés de pouvoir des anciens propriétaires, déduction faite du montant des droits des créanciers et des dommages qui seraient exigibles en raison des évènemens de juillet 1830.

Cette proposition consterna la famille royale lorsqu'elle en eut connaissance. Charles X dit, avec autant de justesse que de majesté :

— A quoi peuvent servir ces mesures ? Si la fortune nous tient rigueur, ma famille ne retournera plus en France; au lieu que, si la Providence l'y rappelle, cette loi ne pourra l'en éloigner.

Quelqu'un dit alors :

— Ce M. Baude doit être un ami des Bonaparte, qui veut les venger de l'arrêt qu'on porta contre eux.

— Cet arrêt, reprit Charles X, n'avait rien d'illégal, la famille Bonaparte n'ayant aucun droit à la couronne; elle est d'ailleurs étrangère à la France. Mais nous, dynastie nationale, dynastie dont la source se perd dans l'origine même du peuple français, ne devons-nous pas regarder le sceptre comme notre héritage ? Notre nom ne réveillera-t-il pas toujours dans les cœurs des souvenirs impérissables, tandis que celui de Bonaparte n'est sorti un instant de l'obscurité que pour y rentrer à jamais.

Madame la Dauphine dit à son tour :

— Cette proposition est moins dirigée contre nous que contre le duc d'Orléans ; car, en le forçant de sanctionner un arrêt de mort contre son propre sang, c'est l'attaquer lui-même. Dieu, qui, dans sa sagesse, a si longtemps appesanti sa main sur nous, croit sans doute devoir encore nous éprouver par de nouvelles infortunes. Que sa volonté soit faite !

Madame prit également part à la conversation. Elle ne pouvait supporter l'idée qu'on traitât son fils comme le fils de Bonaparte. Tout ce qui le plaçait sur la même ligne lui causait une vive indignation ; et cependant on était loin d'avoir en France, pour monseigneur le duc de Bordeaux, tout le respect que sa mère aurait souhaité qu'on lui portât. Ses ennemis continuaient à le calomnier indignement, à le représenter faible de santé et dénué d'intelligence. On prétendait qu'il était incapable de gouverner un jour par lui-même. Ces mensonges prenaient leur source dans la persistance qu'on mettait à ne pas changer complètement le système d'éducation du jeune prince. Nous savions que les hommes les plus dévoués aux Bourbons désiraient que les gouverneurs et instituteurs de Monseigneur fussent remplacés par d'autres. On donnait pour certain que cette mesure dissiperait un grand nombre de méfiances, et rallierait beaucoup de monde à la cause de la légitimité.

Mais il était impossible d'obtenir de la bonté de Charles X qu'il congédiât un serviteur fidèle qui l'avait accompagné dans l'exil. Le baron de Damas, que ses vertus mettent à l'abri de tout reproche, devrait faire lui-même ce sacrifice à la royauté, qui, plus tard, lui en saurait gré. Nous savions que la jeunesse, en France, haïssait tout ce qui se rattachait à l'ancien régime; que déjà on avait mutilé les monumens publics qui en portaient les emblèmes, que les fleurs de lis avaient été renversées et brisées partout où elles figuraient.

Il nous revint à ce sujet une anecdote qui doit trouver sa place ici :

Lord Nevil Montgomery, fils aîné d'un pair d'Angleterre, se trouvait à Paris depuis la révolution de juillet. Un jour qu'il sortait de chez un de ses amis, il aperçut deux jeunes gens bien vêtus, occupés avec la pointe d'un couteau à gratter les armoiries placées sur les panneaux de sa voiture. Lord Nevil, en digne Anglais, tomba à coups de poing sur ces insolens, et les boxa de telle façon qu'il les étendit sur le pavé. Or, comme il paraît que c'est un crime à Paris de défendre son blason, il arriva deux agens de police, suivis de deux militaires, et lord Nevil dut se rendre en cette compagnie chez le commissaire du quartier. Celui-ci procéda immédiatement à l'interrogatoire, et il demanda au noble Anglais pourquoi il avait battu deux honorables citoyens, élèves en pharmacie.

— Parce qu'ils dégradaient ma voiture.

— Messieurs, qui a pu vous engager à endommager la voiture de ce gentilhomme ?

— C'est parce qu'il y avait dessus des fleurs de lis.

— Ah ! voilà qui change la question. Ignorez-vous donc, monsieur, que les fleurs de lis sont l'emblème de la servitude et de l'esclavage, emblème que nous avons détruit et foulé aux pieds, et qui sera proscrit dorénavant en France ?

—Tout ce que je puis vous répondre, monsieur, dit le vicomte de Nevil, c'est que j'ai des fleurs de lis dans mes armes en raison d'une concession de Louis huitième, à qui mon vingtième aïeul avait eu l'honneur de prouver sa fidélité. Vous savez peut-être, monsieur, que Louis-le-Lion, père de saint Louis, était roi de France et d'Angleterre. Vous saurez encore que lorsque je vins dans votre pays, à l'époque de la paix d'Amiens, personne ne s'avisa d'attaquer mes fleurs de lis, et le premier consul de votre république ne l'aurait pas souffert. Vous pouvez vous assurer aussi que mes armes sont surmontées d'un aigle, et je vous dirai que pendant les quinze premières années de la restauration, que j'ai parcouru tout le Midi de la France, il n'en est résulté aucun inconvénient pour mes voitures. Du reste, je ne sais ce que vous voulez dire avec vos emblèmes de la servitude ; car, outre les familles souveraines de Naples, d'Espagne et de Florence, il se trouve en Europe deux cents maisons indépendantes dont les insignes nobiliaires ont toujours été des fleurs de lis, et qui, sans doute, n'ont nulle envie de les répudier pour faire plaisir à des élèves en pharmacie. Vous ignorez apparemment que les princes du sang royal d'Angleterre ont conservé l'*écu de France* au premier quartier de leurs armoiries, en dépit du traité d'Amiens. Si nos pairs et nos princes ont la triste fantaisie de traverser la France, ce qui est fort douteux aujourd'hui, vous pouvez compter que, malgré le programme de l'hôtel-de-ville, ils ne changeront rien à leur écusson.

— C'est différent, milord, et vous êtes libre maintenant de retourner à votre hôtel ; j'aurai seulement l'avantage de vous faire observer, d'après les instructions données par le général La Fayette au général Torrijos, que les fleurs de lis sont des marques décrépites, avilies et répudiées de la servitude, qui doivent être universellement proscrites en raison........

Mais le vicomte de Nevil était déjà parti, et cette fois sans être accompagné d'agens de police.

CHAPITRE XXI.

—

La famille royale reçut avec un vif chagrin la nouvelle de la mort du roi de Sardaigne. Il était allié aux Bourbons par le sang, et il leur prouvait son sincère attachement par l'empressement qu'il mettait à leur rendre service. Charles X comptait avec raison sur ce monarque; il lui écrivait souvent, et se rappelait avec plaisir le temps où avait commencé leur liaison, bien qu'il s'y mêlât d'amers souvenirs. Ces deux princes s'étaient vus pour la première fois à Turin, en 1789 et 1790, lors de l'émigration. Leurs goûts et leurs opinions étaient parfaitement en harmonie. Charles X devait d'autant plus regretter le roi de Sardaigne que le successeur du monarque était soupçonné jusqu'à ce moment d'idées libérales. Mais grâces au ciel le *roi* a oublié toutes les erreurs du *prince*.

La douleur de Madame sembla encore surpasser celle du reste de la famille royale. Je me permis de lui en demander la cause, et elle me dit :

— Je perds plus qu'une autre par la mort de ce bon roi, car il voulait mettre à ma disposition la ville de Nice et le port de Villefranche, dans le cas où je ne pourrais passer en Espagne; il me promettait, en outre, de l'argent et des munitions. Vous savez combien la Provence, si voisine de Nice, est portée pour notre cause. Puis-je espérer la même politique de son successeur ?

Madame calculait si bien toutes les chances de sa position, et elle s'en occupait si constamment, qu'elle était parvenue à connaître les affaires politiques de l'Europe comme le plus habile diplomate. A Paris, Son Altesse Royale n'était qu'une princesse soumise à une volonté supérieure; mais aujourd'hui elle est la mère d'un prince dont la destinée repose entièrement sur ses efforts et sur son courage. Madame comprend toute l'étendue de cette tâche et s'en montre digne.

Cependant la famille royale, malgré les

maux dont elle était accablée, sentait le besoin de quelques distractions. Madame la Dauphine fit, vers cette époque, un voyage à Glascow et dans les environs. Elle alla voir les chutes d'eau de la Clyde, passa à Lanerek, et déjeûna au château d'Hamilton. Le lord prévôt de Glascow, ainsi que les autres autorités du pays, lui rendirent leurs hommages. On respecta l'incognito de la princesse, qui, le lendemain, se remit en route pour Dumbarton, le lac Lomond, les Tirosacks et Dumblane; son dessein étant de parcourir le nord de l'Écosse qu'elle désirait connaître en détail.

Sur ces entrefaites, on apprit à Édimbourg la révolution survenue au Brésil, l'abdication généreuse de don Pedro et son débarquement inopiné en France. Toutes les fois qu'un roi est précipité du trône par la violence, le coup retentit douloureusement dans le cœur des autres souverains, et surtout chez les princes qui subissent la même infortune. Aussi les nôtres déplorèrent amèrement cette catastrophe qui leur remit sous les yeux leurs propres revers.

Cet évènement est de funeste augure, dit

Madame. Les rois devraient se soutenir entre eux, et, membres d'une même famille, faire cause commune; mais loin de là, ils voient tomber le monarque d'un royaume voisin sans faire le moindre effort pour le relever, et attendent paisiblement la fin de la tourmente révolutionnaire tant qu'ils n'en sont pas atteints. Cependant les avertissemens que leur donnent les peuples dans une année devraient leur servir de leçon pour l'avenir.

Le moment approchait où Son Altesse Royale allait tenter à elle seule ce que l'Europe aurait dû faire. Je ne pouvais deviner son plan; car bien que sa confiance en ma fidélité fût sans bornes, elle ne m'avait pas donné place dans son conseil. Un jour que le temps était fort beau, la princesse me commanda pour l'accompagner; je crus qu'elle sortirait à cheval, mais elle préféra faire pédestrement cette promenade, dont le but était de visiter une seconde fois la partie méridionale des environs d'Édimbourg. Lorsque nous fûmes hors de la ville, la princesse me dit:

— Je vais aller à Bath prendre les eaux, et je partirai sous trois ou quatre jours.

— Qui sera désigné pour accompagner Votre Altesse Royale? demandai-je avec vivacité.

— Personne; ma maison restera ici. Je me ferai suivre d'une seule femme-de-chambre et d'un domestique.

— Madame, m'écriai-je, êtes-vous assez sûre de ces gens pour...?

— Je désirerais certainement emmener avec moi un homme qui possédât ma confiance: mais, ne le pouvant pas, je suis forcée de m'en passer.

Une idée soudaine me frappa, et je m'empressai de dire à Madame:

— Je puis procurer à Votre Altesse Royale un serviteur qui remplira parfaitement ses intentions, et sur la loyauté duquel elle pourra entièrement se reposer.

— Sera-ce le pendant de votre Espagnol? répliqua la princesse en souriant.

— A Dieu ne plaise! madame, c'est un Français éprouvé, j'ose le croire, et qui donnerait sa vie pour Votre Altesse Royale et pour monseigneur le duc de Bordeaux.

— Où donc est ce serviteur-modèle?

— Il est devant vous, madame, s'il vous plaît de l'accepter.

— C'est une plaisanterie, dit la princesse en paraissant chercher quelqu'un des yeux. Je ne vois que vous, monsieur.

— Quel autre, madame, pourrais-je vous proposer dont je fusse plus sûr ? Je ne me fierais à personne au monde en ce qui regarde la sûreté de Votre Altesse Royale.

— Vous voudriez revêtir la livrée d'un valet et me suivre en cette qualité? Vous n'y avez pas bien réfléchi, monsieur.

— Je me trouverai encore honoré de servir Votre Altesse Royale à ce titre. Quoi ! madame, j'abandonnerais votre personne auguste à la protection d'un domestique qu'on peut corrompre ! Je laisserais à un autre le soin de vous défendre contre les complots et les piéges que vos ennemis peuvent dresser contre vous ! Un valet n'excite point les soupçons, on parle librement devant lui, il a mille moyens de surprendre les secrets les plus importans. Ainsi donc, madame, je vous en conjure, acceptez mon service.

La princesse m'écoutait avec attention, la

chaleur de mon discours parut même la toucher, et quand j'eus achevé elle me dit :

— Je sens que le malheur des Bourbons n'est point encore irréparable, puisqu'il leur reste des amis tels que vous ; c'est une preuve que Dieu n'a point abandonné notre cause. Je n'aurais jamais osé vous proposer ce que vous m'offrez avec autant de vivacité que de franchise ; mais j'accepte avec joie et reconnaissance. Il est vrai que dans ma position, environnée comme je le suis de la perfidie, un fidèle serviteur est un trésor que rien ne peut payer ; votre fidélité, monsieur, est à toute épreuve, et dans l'humble position où vous persistez à vous placer momentanément, je me plairai à voir un homme qui, par la noblesse et la générosité de son âme, mérite d'occuper le premier rang.

— En portant vos couleurs, madame, je croirai être décoré des insignes les plus glorieux ; ce sont d'ailleurs celles de la France, il n'y a donc que de l'honneur à s'en parer. L'essentiel pour moi est de veiller à la sûreté de Votre Altesse Royale, de ne pas vous quitter, car la mort me serait préférable.

Je mis tant de véhémence dans ces dernières paroles, que Madame en fut troublée.

— Monsieur, me dit-elle d'un ton où il entrait plus de dignité que de bienveillance, il est des bornes en tout, même dans l'enthousiasme, qui ne doit point dégénérer en folie.

Cette réprimande méritée m'affligea ; je me contins néanmoins, et gardai le silence. La princesse, devinant tout ce que je souffrais, me dit avec un doux sourire :

—Viennent maintenant les espions et les émissaires de mes ennemis ; on ne leur rapportera plus mes pensées, ils ne liront plus mes écrits. Cependant, saurez-vous remplir vos nouvelles fonctions? Je crains que vous ne soyez trop habitué à faire le maître pour devenir soudainement un bon valet.

— Ma bonne volonté, madame, suppléera, je l'espère, à ce qui me manque, et je ferai tout mon possible pour que vous ne me trouviez point en défaut.

Cette proposition plut à Son Altesse Royale. Il est si doux de se reposer entièrement sur les subalternes auxquels on est forcé de se confier, et de n'avoir à craindre ni leur indiscrétion ni leur perfidie ! aussi Madame ajouta :

— Maintenant je puis aller au bout du monde, et vous m'enhardirez à passer sur le continent.

— Oui, madame, m'écriai-je avec feu, venez-y vous et votre fils; nous gagnerons la Péninsule espagnole, et là les secours ne nous manqueront pas.

— Hélas ! dit la princesse en soupirant, les chaînes qui retiennent le duc de Bordeaux auprès de sa famille sont trop fortes pour que j'essaie de les briser ! Charles X, en restant dans l'inaction, se repose sur la Providence; mais il vaudrait mieux appeler ses faveurs par un de ces coups hardis qui décident souvent du sort d'un empire.

Madame alors, avec un entraînement que l'expression de mon dévouement avait peut-être provoqué, daigna me faire part de tous les obstacles qu'on opposait à ses désirs; elle me dit que, dans une discussion qui s'était élevée récemment, on avait été jusqu'à lui rappeler que, sur ce même sol anglais, Marguerite d'Anjou avait vu périr son fils unique, pour s'être opposée à ce qu'on le mît à l'abri du danger.

Je compris la position délicate de Madame, et ne voulant point aggraver son chagrin, je lui dis que sa présence seule suffirait pour donner de l'enthousiasme aux plus indifférens.

— Ah! quant à moi, répondit la princesse, je ne manquerai point à mes amis; ils ne lèveront pas une bannière blanche qu'ils ne me voient dans leurs rangs. Jeanne d'Arc n'a-t-elle pas donné à son sexe l'exemple du courage? et une mère peut-elle en manquer quand il s'agit de reconquérir la couronne de son fils? Non, les périls ne m'effraient point; je les affronterais, même avec joie, dussé-je y succomber, si en mourant je voyais le duc de Bordeaux assis sur le trône de ses pères!

J'admirais trop de tels sentimens pour vouloir les combattre ; nous convînmes ensuite de nos *arrangemens pécuniaires*. Madame discuta avec gaieté sur le montant de mes gages, disant que dans la position où elle se trouvait je ne devais pas me montrer trop exigeant ; que, d'ailleurs, les revenans-bons du métier me dédommageraient de ce que je perdrais d'un côté; enfin, cette plaisanterie nous amusa quelques instans.

J'étais transporté; je n'avais plus la crainte de rester à Édimbourg inactif, loin de Madame. Je partagerais toutes les chances qu'elle allait courir; je m'efforcerais de détourner d'elle les dangers que mon bras ou ma surveillance pourrait prévenir. Je saurais à chaque minute ce qu'elle aurait à craindre ou à espérer! C'était dans ma position plus que le bonheur, et mon cœur pouvait à peine le contenir. Cependant j'avais quelque inquiétude que d'autres fidélités envieuses ne s'armassent contre moi de ces objections dont la prétendue prudence cache le vrai motif. Je ne pus m'empêcher de le dire à la princesse.

— Tranquillisez-vous, me répondit-elle; je ne suis pas tellement soumise à la volonté des autres, que je ne puisse suivre la mienne lorsque j'y vois de l'avantage. J'ai accepté votre offre, et rien ne pourra maintenant me faire changer de résolution.

Nous rentrâmes alors; tous mes désirs étaient remplis, et cependant l'assurance de Madame n'avait pu calmer entièrement mes craintes.

On a tant de peine à croire à la réalité de ce qu'on souhaite le plus ! Je gardai sur cette conversation le plus profond silence, afin de ne donner l'éveil à personne. Mais bientôt deux individus des nôtres vinrent me questionner sur mon projet, et ils me manifestèrent leur surprise de ce que je consentais à prendre des fonctions au-dessous de mon rang.

Je compris que Madame avait fait connaître ma proposition, et je me maintins dans une réserve discrète, répliquant que lorsqu'on était dévoué comme moi à la famille royale, on ne pouvait s'humilier de ce qui lui était utile ; que l'essentiel était de servir nos maîtres, et que toute autre considération devait se taire devant de si grands intérêts.

Madame me fit appeler pour m'apprendre que Charles X acceptait en son nom mes services d'un nouveau genre, sans être surpris de mon offre, car il connaissait mon attachement pour lui et sa famille. Madame ajouta :

— Vous avez raison, ceux qui n'auraient pas voulu prendre votre place sont fâchés de vous voir partir avec moi sous ce déguisement. Il est bien rare de trouver des âmes au-dessus des faiblesses humaines. On envie dans les autres ce qu'on ne se sent pas capable de faire soi-même. Mais, enfin, tout est décidé, vous partirez demain avant moi, vous irez à Bath retenir mon logement, et je vous suivrai peu de temps après, accompagnée d'une seule femme et d'un valet de pied. Je renverrai celui-ci le lendemain de mon arrivée, et vous prendrez alors sa place. Il est convenu qu'on dira ici que Charles X vous envoie en Espagne. Vous pouvez maintenant prendre congé de mon fils.

J'obéis aussitôt à Madame, heureux d'être assuré de la suivre, et j'allai chez le jeune prince, qui, accoutumé à mes soins, apprit avec peine que je m'éloignais.

— Monseigneur, dis-je, ce sont vos intérêts que je vais servir.

— Dites, répliqua-t-il, ceux de la France, car les miens ne font qu'un avec les siens. Assurez tous ceux qui vous parleront de moi que je m'ennuie en Écosse, et que je suis impatient qu'on me rappelle au milieu de mes compatriotes où j'étais si heureux !

En parlant ainsi le noble enfant ne put retenir quelques larmes. Je lui demandai la permission de lui baiser la main, il me la tendit, puis s'approchant de moi, il m'embrassa en me disant :

— Ceci est pour moi, et le reste pour vous.

A cette faveur inattendue, je me précipitai à ses pieds, et lui renouvelai avec chaleur le serment d'une fidélité éternelle. Il me remercia, me rappela une foule d'officiers de la garde royale et de gardes-du-corps, dont je croyais qu'il ne se souvenait plus, en me priant, si je les rencontrais, de leur dire qu'il pensait toujours à eux, et qu'il aurait bien de la joie à les revoir. Je quittai Monseigneur le duc de Bordeaux enchanté de son gracieux accueil, et persuadé que je ne pourrais jamais faire assez pour lui prouver ma gratitude.

Je souhaitais rendre aussi mes derniers hommages à Charles X, et je fis solliciter cet honneur, qu'il daigna m'accorder. Le monarque, dans cette entrevue, conserva la majesté tranquille et la sérénité d'une conscience qui ne lui reprochait rien ; il me parla avec autant d'affection que de bonté, puis il ajouta :

— Je vous recommande la prudence ; une

vaste carrière va s'ouvrir devant vous, vos soins ne doivent plus se borner désormais à servir obscurément Madame; bientôt elle vous confiera des intérêts importans, et tout m'assure qu'ils seront entre bonnes mains.

Le roi s'arrêta comme pour réfléchir, puis reprenant la parole :

— On m'a indignement calomnié en France, on m'a prêté des propos que je n'ai point tenus; démentez-les partout où cela sera nécessaire, je veux, du moins, conserver l'estime des Français si je ne puis en être aimé. On me reproche d'avoir été altéré du sang de mes sujets! et pendant mon règne il n'y a pas eu un seul échafaud dressé pour délit politique. Mais je ne dois point murmurer contre l'injustice des hommes si c'est Dieu qui l'a voulu ainsi, car ce n'est qu'en se résignant à sa volonté que nous supportons patiemment les maux qu'il lui plaît de nous envoyer.

CHAPITRE XXII.

Le lendemain, après avoir aussi pris congé momentanément de Madame, je me mis en route pour Bath. Je traversai les villes populeuses et industrielles de Manchester et de Bermingham, et j'arrivai enfin au lieu de ma destination. Je choisis pour Madame un logement simple et à peine commode dans Joaston-Street, car il fallait se conformer à la volonté de Son Altesse Royale, qui savait se mettre à la hauteur de ses finances. La maison consistait en deux chambres au rez-de-chaussée, deux au premier, et autant au second étage. Quel palais pour celle qui quittait à Paris le somptueux palais des Tuileries !

Son Altesse Royale n'arriva point seule, comme elle l'avait dit d'abord, elle était accompagnée de madame de Bouillé. J'avais retenu une fille de peine, *a servant of all work*, comme disent les Anglais; le valet de pied qu'avait amené la princesse, manifesta un tel chagrin quand il s'agit de se séparer de sa maîtresse, que Madame se décida à le garder; il remplit les fonctions de cuisinier. La princesse avait, en outre, une femme de chambre avec moi; voilà tout ce qui composait la suite de Son Altesse Royale.

Cependant Madame, tout en évitant de se mettre en évidence, ne manquait pas de visiteurs. Chaque personne de distinction s'empressait de venir lui rendre des devoirs. On ne suit point en Angleterre l'habitude qu'on a en France de s'éloigner des personnes déchues de leur rang; on a, au contraire, le noble orgueil de les traiter comme s'ils étaient toujours dans la prospérité : c'est le meilleur moyen de leur faire oublier ce qu'elles ont perdu. Je n'épuiserais jamais cette matière. La première noblesse des trois royaumes affectait plus d'égards et de vénération pour Madame, que si elle eût été admise à les lui rendre dans les cercles des Tuileries. Il arrivait journellement dans notre modeste demeure des fleurs, des fruits, et du gibier en quantité. On donnait avec profusion tout ce qu'on pouvait offrir sans blesser la susceptibilité d'une auguste infortune, et jamais nous n'apprenions de quelle main ces envois étaient faits.

Madame était établie à Bath depuis peu de jours, et je me renfermais complètement dans l'esprit de mon rôle, lorsque je fus accosté en allant au grand Salon des bains par un individu, qui me demanda en bon français si c'était moi qui était au service de Son Altesse Royale la duchesse de Berry. Ma réponse affirmative parut lui plaire ; il me dit qu'il était heureux du hasard qui le mettait en rapport avec un des serviteurs de la princesse, pour laquelle il avait autant d'amour que de respect, et finit par me proposer d'entrer à la taverne voisine, c'est-à-dire au cabaret, pour boire une bouteille de *claret* (Bordeaux) à la santé de Madame.

Je ne sais pourquoi l'aspect de cet excellent royaliste était loin de m'inspirer de la confiance ; je lui trouvais quelque chose de louche et d'embarrassé qui ne me plaisait point. Je résolus donc, s'il avait quelque mauvais dessein, de le laisser s'avancer et se prendre dans ses propres filets. Dès qu'il crut notre liaison assez établie pour me faire quelques ouvertures, il me questionna sur la manière dont j'étais chez la princesse, et voulut, toujours par intérêt pour moi, savoir si mes gages étaient bien payés. Continuant mon rôle, je lui répondis que je n'avais point à me louer relativement à mes appointemens, qui étaient fort minimes, et que je désirais beaucoup rentrer en France.

— Cela vous serait facile, me répondit-il, et même avec avantage. Je connais une personne de haut rang, qui vous donnerait une bonne place dans ses domaines, et je me ferais fort de vous la faire obtenir, si cela vous accommode.

— N'en doutez pas, répliquai-je; revoir la patrie et y être assuré d'un bon emploi, c'est mon vœu de chaque jour.

— Fort bien ; mais il faudrait vous séparer de Son Altesse Royale, et je suppose que, d'après l'attachement que vous lui portez, ce sacrifice vous coûterait à faire.

Voyant que je ne répondais pas, il reprit :

— Ne servez-vous pas de cœur la mère du roi Henri?

— Sans doute; mais je ne répondrais pas de moi si on m'offrait des gages plus assurés.

— C'est parler en garçon d'esprit. Nous nous reverrons souvent, je l'espère, et si vous voulez m'en croire, vos affaires n'en iront pas plus mal pour cela.

Je vis que le personnage hésitait à aller plus loin dès la première entrevue, et moi-même je ne voulais pas avoir l'air de me livrer à lui tout d'abord, dans la crainte d'exciter ses soupçons. Il me donna son nom et son adresse, nous nous quittâmes, et j'allai chercher les livres dont Madame avait besoin. Je me hâtai, en rentrant, de faire part de ma rencontre à la princesse; elle m'ordonna de ne point négliger de poursuivre cette aventure, et approuva à l'avance tout ce que je croirais devoir faire dans ses intérêts.

Le lendemain, cet ami improvisé rôda autour de moi; j'allai le rejoindre dès que je l'aperçus. La conversation s'engagea plus confidentiellement que la veille, il me parla plus ouvertement; cependant nous restâmes encore l'un et l'autre sur la défensive; enfin, à la quatrième ou cinquième entrevue, il ne me cacha plus que ma fortune serait faite, si je pouvais livrer les secrets de Madame en fouillant son secrétaire.

Je répliquai, sans avoir l'air d'être surpris, que cela n'était guère possible, la princesse se faisant presque toujours accompagner *par moi* lorsqu'elle sortait. Cependant, ajoutai-je, il arrive souvent à ma connaissance des choses fort importantes; mais je ne les communiquerais que si on me promettait une forte récompense. Je fis alors connaître mes prétentions, qui montaient à deux cent mille francs. Mon projet était, au moyen de cette somme, d'aider aux frais du grand voyage que Madame devait entreprendre tôt ou tard; je voulais d'ailleurs, par l'exagération de cette demande, éloigner la conclusion du traité, sans cependant ôter l'espérance de me séduire.

Mon ami se récria sur mon exigeance.

— Deux cent mille francs! dit-il; cela suffirait pour acheter un ambassadeur, fût-il libéral. Mais il me semble qu'un domestique pourrait bien se contenter de cinq ou six mille francs une fois payés, et d'un bureau de tabac, dont le revenu monterait à cette somme. Voilà l'offre qui vous est faite ; voyez si elle vous convient.

Je rejetai bien loin une prime aussi mesquine, et tout fut rompu entre nous.

On me laissa tranquille le reste de la semaine ; puis on revint à la charge, et l'on m'offrit successivement dix, quinze, vingt, vingt-cinq, trente mille francs ; mais je ne voulus rien relâcher de mes prétentions.

— Vous êtes bien difficile à satisfaire, l'ami, me dit ma connaissance de cabaret ; mais lors même qu'on pourrait se décider à vous accorder une gratification quelconque, quelle garantie aurait-on de la véracité de vos révélations ?

— Les faits, répondis-je ; ils seront là pour prouver que je gagne légitimement la somme exigée. D'ailleurs, si on ne se fie pas à moi, nous en resterons où nous en sommes.

On commença d'abord à faire briller à mes yeux de grands avantages en France ; puis on se retrancha à me payer chaque révélation que je ferais, chaque pièce importante dont je remettrais l'original, ou dont je fournirais la teneur. On insistait surtout pour savoir si Son Altesse Royale avait en sa possession la liste des personnes qui composaient en France les divers comités royalistes, et en quels termes elle était avec les souverains de Russie, de Prusse, de Piémont et d'Autriche. A toutes ces demandes je répondais franchement : Point d'argent, point de Suisse. C'était le moyen d'éviter de mentir ou de me compromettre involontairement.

Madame, à laquelle je rapportais exactement tout ce qui se passait entre moi et l'agent mystérieux, s'amusait de la sotte crédulité de cet homme; elle craignait que d'un moment à l'autre il ne vînt à découvrir qui j'étais réellement. Cependant j'avais pris mes précautions pour ne point être reconnu, au moyen de faux favoris, d'une préparation chimique, qui me couvraient le visage, et d'une perruque noire qui achevait de me rendre très peu semblable à moi-même.

Néanmoins le temps s'écoulait, et la négociation n'avançait point; ma nouvelle connaissance me montrait de l'humeur, m'accusait d'une avidité mal entendue, et me menaçait même de tout découvrir à Madame; mais cela ne pouvait m'épouvanter. J'allais souvent à Bristol, situé à quatre lieues de Bath, pour chercher une correspondance secrète qui était adressée à un *sollicitor* de cette ville; j'étais censé le visiter dans l'intérêt d'un habitant d'Édimbourg qui lui avait confié un procès, et que Madame désirait obliger en m'envoyant auprès du magistrat pour activer son affaire.

Quelquefois je revenais tard, tant à cause de la beauté de la saison, que par certaines réponses que je faisais avant de quitter l'étude du procureur, si bien que l'ami officieux me surprenait souvent sur la route de Bristol à Bath. Un soir que j'étais parti plus tard qu'à l'ordinaire, ayant attendu le paquet d'usage qui, Dieu en soit loué! n'arriva pas, je marchais d'un bon trot de cheval, lorsqu'à une lieue environ du but de ma course, trois hommes m'abordèrent; l'un saisit la bride de ma monture avant que j'eusse le temps de m'y opposer, l'autre tira un coup de pistolet dans la poitrine de l'animal, et le troisième me coucha en joue; mais, grâce à la Providence, j'évitai le coup qu'il voulait me porter. J'étais armé, et sur-le-champ je ripostai assez heureusement pour étendre sans vie un des trois assassins ; mais mon autre coup fit long feu, le cheval s'abattit en même temps sous moi, et je ne pus me dégager avec assez de promptitude pour parer un coup de bâton qu'un des misérables m'asséna sur la tête, et qui me renversa aussitôt privé de mes sens.

L'empressement que les coquins mirent à me fouiller, dès que je ne leur opposai plus de résistance, me sauva la vie ; car ils ne songèrent plus alors qu'à s'emparer à la hâte de mes effets. Cependant je ne sais ce qui aurait pu arriver si plusieurs cavaliers, qui venaient au galop par suite d'une chasse au clocher, ne les eussent obligés soudainement à prendre la fuite. Je fus donc trouvé couché à moitié sous mon cheval, qui lui-même rendait le dernier soupir, tandis qu'un des misérables gisait sans mouvement à quelques pas de nous.

Je commençais alors à reprendre connaissance, et je pus dire qui j'étais et à qui j'appartenais. Aussitôt on me releva, on me prodigua tous les soins dont j'avais besoin ; puis je fus placé en croupe derrière un des cavaliers, et ramené chez Madame. J'y arrivai fort souffrant ; la blessure à la tête était grave, à peine si je pouvais articuler une parole. Son Altesse Royale, oubliant la distance des rangs, ne voulut voir qu'un serviteur fidèle dont l'état fâcheux réclamait des soins, et elle daigna me témoigner un touchant intérêt. Un chirurgien et un médecin habile furent appelés ; ils me déclarèrent en danger, prescrivirent le repos le plus absolu autour de moi, et dirent qu'il fallait attendre au lendemain pour prendre ma déposition, qui devait constater le crime dont j'avais failli être victime.

Le Coroner alla reconnaître le cadavre resté sur la grande route ; c'était celui d'un matelot, connu et redouté dans le pays. Les soupçons les plus sinistres planaient sur lui depuis longtemps ; aussi on ne s'étonna point qu'il eût pris part dans cet infâme guet-apens. Mais avais-je été attaqué par des voleurs ? Les apparences semblaient le prouver. On m'avait complètement dévalisé, néanmoins je supposai, avec raison peut-être, que cette embuscade avait pour but un complot politique, qui était de m'enlever les dépêches dont on me soupçonnait d'être porteur.

Mais qui avait dirigé ce complot? pouvais-je soupçonner d'autre que le perfide agent qui avait cherché à corrompre ma fidélité? Cependant comment le signaler à la justice sans compromettre Son Altesse Royale? D'ailleurs mes conjectures pouvaient être fausses. Je passai la nuit en proie à une fièvre brûlante. Madame, cédant à sa bonté généreuse, vint à plusieurs reprises savoir de mes nouvelles; chacune de ses visites était un baume pour mes souffrances, qui semblaient ne se réveiller que lorsque la princesse s'éloignait.

Le lendemain, le garde qui m'avait veillé me demanda si je voulais voir un de mes compatriotes qui, ayant appris mon accident, venait savoir comment je me trouvais... Un de mes compatriotes... ce ne pouvait être que le vil espion... Je pris une résolution soudaine.

— Qu'on le fasse entrer, dis-je.

En effet, il entra. J'examinai avec attention son visage, sur lequel la clarté de la fenêtre frappait en plein; l'expression en était calme, il semblait seulement chagrin de mon état. Je crus démêler sous son masque hypocrite la méchanceté du crime.

Voyons, dis-je en moi-même, comment tout ceci finira; imitons sa fourberie, afin de parvenir à mieux le déjouer. Cet homme s'apitoya sur mon sort, maudit ma mauvaise étoile, qui m'avait conduit la nuit sur la route de Bristol, et tonna contre les assassins assez audacieux pour oser voler à main armée presqu'aux portes de la ville.

Je suivis ce texte et parus convaincu que ces misérables en voulaient uniquement à ma bourse; puis, soudain baissant la voix et le regardant encore avec plus de fixité :

— Ces bandits, dis-je, auraient pu faire un bien meilleur coup qu'ils ne l'ont fait en me volant ma montre et quelques guinées que j'avais sur moi.

— Comment cela?

— En emportant la selle du cheval; car ils auraient eu en main ce que ceux qui vous emploient m'auraient payé jusqu'à cinquante mille francs, si vous m'avez dit vrai.

Il fut impossible au perfide de déguiser son dépit, une rougeur indiscrète le trahit; dès lors mes soupçons se changèrent en certitude, et je ne doutai plus que le chef de mes assassins fût devant moi. Le sang bouillonna dans mes veines avec plus de violence, mes oreilles tintèrent, cependant je sus me maîtriser. La tranquillité de Madame, sa sûreté personnelle, l'emportèrent sur toute autre considération, et je me contentai de me jurer à moi-même de punir le scélérat de son crime. Quant à lui, reprenant tout son calme, qu'avait fait disparaître momentanément le dépit d'avoir manqué son coup, il me dit :

— Il m'eût été pénible, mon cher compatriote, d'avoir à traiter avec d'autres qu'avec vous ; mais dans ce cas, vous n'auriez pu vous en prendre qu'à vous-même. Voulez-vous maintenant être plus raisonnable, et rabattre un peu de vos prétentions ?

— Nous verrons plus tard ; l'heure et le lieu sont mal choisis pour traiter une telle affaire. Je présume que nous ne serons pas sans nous rencontrer encore.

Je m'efforçai de mettre tant d'indifférence dans le ton dont ces paroles furent prononcées, que le misérable en fut dupe ; il s'imagina m'avoir gagné, et je vis un éclair de joie briller dans ses yeux. Il partit bientôt après, en me promettant un heureux avenir si je voulais être sage, et s'engagea à revenir bientôt me voir.

CHAPITRE XXIII.

Je passai la journée et la nuit dans de vives douleurs ; cependant le lendemain matin je me trouvai mieux, il ne me restait plus qu'une grande faiblesse provenant des copieuses saignées qu'on m'avait faites. Je me levai sur le soir, et descendis chez Madame pour prendre ses ordres ; je ne l'avais pas vue, tant elle avait eu de visites et de lettres à écrire. La princesse me gronda sur mon empressement à quitter le lit. Je lui répondis que me trouvant presque guéri, je tenais à reprendre mon service ordinaire près de sa personne ; alors je lui révélai ce que je croyais avoir appris.

Madame daigna tenir conseil avec moi sur la manière dont je devais me conduire dans cette occurrence. Elle décida qu'afin d'éviter d'exaspérer ses ennemis, il fallait, en apparence, leur faire quelques concessions ; et, qu'en conséquence, dès que je reverrais cet homme, je lui confierais de prétendus secrets, et lui remettrais un ou deux écrits sans importance, que Madame dresserait de sa main. Je devais lui en promettre d'autres d'un grand intérêt, et, par ce moyen, l'obliger à patienter.

— C'est bien maintenant, Madame, dis-je, que ma fidélité va se montrer dans tout son jour. Car, paraître même vous tromper, est pour moi un sacrifice que l'intérêt de votre sûreté peut seul me décider à faire; et avant de le consommer je me jetterai aux pieds de Votre Altesse Royale pour vous en demander pardon d'abord, et ensuite afin d'obtenir un acte authentique qui puisse me défendre victorieusement, dans le cas où quelque malheur imprévu vous empêcherait de venir au secours de votre fidèle serviteur.

Madame approuva cette mesure, et se mettant à son secrétaire elle écrivit le titre suivant auquel elle apposa son sceau :

« Je déclare à qui de droit, que si M.... est
» entré en pourpaler avec un agent de mes en-
» nemis, et lui a fait confidence de mes inten-

»tions, en lui remettant des papiers, soit de
» moi, soit des miens, il n'a agi que d'après
» mon autorisation, et immolé en apparence
» son honneur à mes intérêts. Ce rare dévoue-
» ment doit être récompensé par moi ou ma
» famille, et je sais si bien l'apprécier que je
» déclare approuver à l'avance tout ce qu'il
» fera dans ce genre, ajoutant que je me suis
» concertée avec lui à cet effet. Ce certificat lui
» est remis afin qu'il serve à le justifier si par
» hasard il lui était jamais fait des reproches
» qu'il ne mérite pas. »

Je ne pouvais exiger davantage, et je dus paraître satisfait. Nous avions besoin d'un redoublement de prudence, car le moment approchait de tenter ce que pourrait la présence de Madame sur le continent. Je pouvais donc tromper le scélérat sans scrupule, en attendant l'instant de lui infliger une punition plus analogue à son crime. Il me guettait aussi de son côté. Dès que je reparus dans la ville, je le trouvai sur mon chemin; puis m'emmenant à l'écart, il mit sur-le-champ la conversation sur ce qui lui tenait tant au cœur.

Je lui dis que ma détermination était irrévocablement prise de ne point traiter à moins de deux cent mille francs; mais que, pour prouver les droits que j'avais à cette exigeance, j'allais lui montrer certains documens dont il pourrait apprécier la valeur.

En parlant ainsi, je mis sous ses yeux les écrits de Madame; il les prit, les lut plusieurs fois, les commenta, puis me félicitant sur mon adresse à me les être procurés, il finit par me dire qu'étant certain maintenant de ma bonne foi, il n'hésiterait plus à me donner la somme que je demandais, pourvu que je continuasse à mener cette affaire aussi habilement que je l'avais commencée.

J'ai dit plus haut que le conseil de régence avait fait frapper une certaine somme d'argent à l'effigie de Henri V. Il y avait dans la ville où cette somme fut monnayée, une personne de confiance qui remplissait les fonctions de trésorier. Il me parut plaisant de faire contribuer les ennemis des Bourbons à l'acte qui, dans l'avenir, constaterait l'avènement du jeune prince à la couronne. Ne voulant pas que l'argent en question passât par mes mains, je donnai, en conséquence, à l'agent secret l'adresse du trésorier, en le priant de faire porter chez lui les deux cent mille francs qui m'étaient promis. Cette mesure eut lieu effectivement, et j'avoue que cette bonne ruse de guerre excite encore ma gaieté lorsqu'elle me revient à la mémoire.

Cependant je ne renonçai pas au projet de faire sortir du royaume Britannique, où ma vengeance ne pouvait être assurée, ce scélérat de premier ordre. Je lui dis que dorénavant je ne voudrais traiter qu'avec lui; et que lorsque Madame quitterait Bath, il faudrait qu'il la suivît, afin que nous pussions poursuivre ensemble nos rapports; il me répondit qu'il ne demandait pas mieux, ses intérêts exigeant qu'il ne s'éloignât pas de moi, et qu'il se préparerait à ne pas perdre nos traces dès que nous nous mettrions en route.

Je le quittai ensuite enchanté de l'avoir fait tomber dans le piége qu'il avait dressé pour moi, et certain que par de fausses révélations je parviendrais à détourner tout péril de la tête de Son Altesse Royale. Cependant les semaines se succédaient, et le moment fixé pour notre départ approchait. Ma santé se rétablissait lentement; Madame m'en témoignait son déplaisir. Je voyais qu'elle aurait de la peine à se séparer de son fidèle serviteur, et que, d'une autre part, elle ne pourrait prolonger son séjour à Bath au-delà du terme arrêté.

Je rencontrais de temps à autre l'agent; j'avais soin de fournir de nouveaux alimens à sa crédulité; il m'accordait une entière confiance, et finit par me demander, dans un moment d'épanchement, s'il n'y aurait pas auprès du duc de Bordeaux quelque domestique qu'on pourrait gagner dans les intérêts *de quelqu'un*. Ces paroles me firent frémir. Ainsi donc il existait un complot permanent contre la vie de cet auguste rejeton de tant de rois! Je compris néanmoins que je ne devais point hésiter à répondre, et je dis au misérable que le jeune prince était entouré à Holy-Rood d'une extrême surveillance, et que M. de La Villate, son premier valet-de-chambre, ne le quittait jamais, outre qu'il avait des subordonnés dont il était sûr.

— Bon, bon! répliqua-t-il, Chignard est

fin et vigoureux; lui et les siens viendront facilement à bout de ce marmot.

Ce propos que M. Delpart (c'était le nom de guerre de l'agent) laissa échapper, peut-être malgré lui, me fournit de nouvelles lumières sur le guet-apens dans lequel j'étais tombé. Nous savions que ce Chignard était en Angleterre, et nous l'avions même plusieurs fois signalé à quelques journaux français. C'est un mulâtre âgé de quarante-huit à cinquante ans, dont la joue gauche est traversée d'une profonde cicatrice, homme de main et capable de tout faire pour de l'argent. Nous n'ignorions pas qu'il était venu dans ce royaume avec des intentions hostiles contre la famille royale; et lors même qu'il me serait resté quelques doutes à cet égard, les paroles de l'agent les auraient fait disparaître.

Je vis également dans ce Chignard un de mes assassins, et saisissant cette circonstance, je me tournai vers Delpart en lui disant:

— Ce Chignard était ici il y a quelques jours?

— Oui... non... je n'en sais trop rien, ne l'ayant pas vu... Vous le connaissez donc?

— Oui; je sais d'ailleurs qu'il a mission d'assassiner le duc de Bordeaux; je sais aussi que son signalement est à la police de Londres, et on a écrit à Madame que les ordres étaient donnés de l'arrêter partout où on le rencontrerait.

Il n'en était rien; mais je voulais, à l'aide de ce mensonge, effrayer les coquins et les contraindre à quitter l'Angleterre. Delpart me répondit avec chaleur :

— Vous êtes un brave garçon; Chignard sera reconnaissant de cet avertissement, et regrettera...

— Quoi? demandai-je vivement.

— Mais de ne pas vous avoir vu pour vous en remercier.

— Nous nous retrouverons peut-être plus tard, et alors nous verrons ce qui nous est dû réciproquement.

Delpart me regarda cette fois avec une sorte de méfiance.

— Vous avez une mauvaise pensée, me dit-il.

— Je la crois au contraire fort bonne, et ce qui me confirme dans cette opinion, c'est que vous l'expliquez vous-même, bien que je n'aie fait que l'indiquer.

Cette réponse lui causa un étrange embarras, qu'il voulut en vain déguiser. Quant à moi, me tenant sur la défensive, je n'allai pas plus loin. Delpart, prenant alors la parole, me dit en termes généraux qu'il ne fallait pas interpréter tout au pire, et que d'ailleurs on ne voyait guère de gens commettre une mauvaise action sans un but quelconque.

— Pourquoi, lui demandai-je, traitez-vous ce sujet?

— C'est parce que je crains que vous n'accusiez le pauvre Chignard d'en avoir agi un peu rudement avec vous sur la grande route.

— Vous convenez donc de son crime?

— Je ne conviens de rien ; je désirerais seulement vous dissuader de votre croyance.

— Ne cherchez point à m'en imposer ; avouez le fait, ou sinon je vous accuserais d'être son complice.

Delpart alors n'hésita plus.

— J'avoue donc, dit-il, qu'on vous a puni d'un malentendu. Je gardais fidèlement le secret de notre négociation ; mais, d'une autre part, vous étiez signalé à Chignard comme celui qui avait la confiance de la duchesse ; il savait que vous alliez à Bristol chercher sa correspondance, et il a voulu s'en emparer : vous voyez que le pauvre garçon a cru bien faire. Quant à moi, dès que j'ai appris votre accident, j'ai deviné la main qui vous avait frappé, et sans compromettre l'intelligence qui règne entre nous, j'ai fait évader Chignard et son compagnon ; car pour le troisième, grâces à vous, il n'a plus été besoin de s'en inquiéter.

Il y avait dans ce récit une apparence de sincérité dont néanmoins je ne fus pas dupe, et je compris que mon ami prétendu avait lui-même dirigé le complot. Cependant je feignis de me contenter de son explication, et il ne me quitta que lorsqu'il me crut bien convaincu.

En rentrant je trouvai madame de Bouillé, qui me dit que Son Altesse Royale désirait me voir sur-le-champ. Je me rendis à son ordre.

— Monsieur, me dit la princesse, il n'y a pas un instant à perdre, je dois quitter Bath dans une heure pour me rendre à Londres.

J'éprouve un vif regret que votre santé ne vous permette pas de me suivre : mais, dès qu'elle sera rétablie, ne manquez pas de venir me rejoindre.

— Ma santé est parfaite, répondis-je, et tant que j'aurai un souffle de vie j'accompagnerai Votre Altesse Royale partout où il lui plaira d'aller.

— Mais votre zèle surpasse peut-être vos forces, et je crois qu'il serait plus sage que vous attendissiez encore quelques jours avant de vous mettre en route.

— Ce retard me serait plus nuisible qu'avantageux. Non, madame, je ne puis rester ici lorsque vous vous éloignez. Si mes faibles services méritent quelque récompense, vous ne pouvez m'en accorder une plus précieuse que la permission de vous suivre.

— Je vois, monsieur, que vous êtes incorrigible ; je me suis déjà aperçue que les meilleurs argumens échouent contre votre royalisme. Dieu veuille que ce dévouement ne tourne point contre vous dans cette circonstance, car vous me forceriez de regretter le consentement que vous m'arrachez malgré moi.

J'avoue que la joie de partir avec Madame hâta le retour de mes forces ; je fis ma malle, et les autres préparatifs du voyage qui furent bientôt achevés. J'allai moi-même commander les chevaux de poste, et peu de temps après nous étions sur la route de Londres.

J'étais loin d'être tranquille sur la sûreté de Son Altesse Royale, car je craignais à chaque instant une attaque inopinée de la part de ses ennemis. Delpart pouvait être instruit de notre retraite précipitée, et avoir tendu une autre embûche sur nos pas ; mais j'en fus quitte pour la peur. Nous arrivâmes sans accident, et je respirai.

Dès que nous fûmes à Londres, je me hâtai d'écrire à Delpart, que la résolution de Madame avait été si prompte que je n'avais pu l'en prévenir, n'ayant pas la permission de m'absenter. Je lui donnais mon adresse, et lui conseillais de venir nous rejoindre, en disant que j'aurais peut-être besoin de lui.

A son arrivée à Londres, Madame trouva plusieurs de ses serviteurs qui s'y étaient rendus pour se concerter avec elle. Les plus intrépides proposaient toujours une descente sur la côte de Bretagne, en affirmant que cette province et le Poitou n'attendaient que la présence d'un des membres de la famille royale pour prendre les armes en sa faveur. Le courage de la princesse la faisait pencher pour ce parti; elle se décida même à le tenter, après avoir mûrement réfléchi, et arriva à Holy-Rood dans ces dispositions.

Mais à peine Madame eut-elle fait connaître cette résolution, que M. B..., qui était un membre influent du cabinet anglais, lui fit demander une audience. La princesse l'accorda; puis, se tournant vers moi et le vicomte de N..., elle nous dit:

— Voici, messieurs, une démarche dont je me méfie; elle n'a probablement d'autre but que de s'opposer à mon entreprise.

Je pensais comme Madame, mais je ne lui en dis rien dans la crainte d'affaiblir son courage. Le vicomte de N..., qui ne pouvait croire qu'on voulût mettre obstacle à ce voyage, prétendit au contraire que cette entrevue avait pour but d'en assurer le succès.

— Quoi qu'il en soit, dit Son Altesse Royale, je désire avoir des témoins de ce qui va se passer, afin que d'autres que moi puissent rectifier l'erreur où sont bien des personnes sur la politique du gouvernement anglais. Je vous prierai donc, messieurs, de vous tenir l'un et l'autre dans le cabinet voisin, d'où on peut tout entendre ce qui se dit ici. Faites en sorte qu'on ne se doute pas de votre présence.

Quelques minutes avant le moment fixé pour l'audience, nous entrâmes dans notre cachette. M. B... fut exact au rendez-vous. Madame le reçut avec bienveillance, et lui demanda quel était l'objet de sa visite.

Il répondit avec beaucoup de respect que le désir de rendre ses hommages à Son Altesse Royale d'une manière particulière, l'avait porté à cette démarche, d'autant plus qu'il était assez heureux pour être auprès d'elle l'intermédiaire des bonnes intentions du gouvernement.

— C'est donc à une cause qui me sera agréable, répliqua Madame, que je devrai le plaisir de vous voir. Croyez, monsieur, que je suis fort sensible à cette attention et toute disposée à vous entendre.

— L'Angleterre, reprit M. B..., est fière

d'avoir offert un asile à la branche aînée des Bourbons ; elle voudrait faire plus encore, elle laissera les membres de cette maison s'occuper activement du succès de leur cause sans y apporter aucun obstacle, elle aidera même leurs efforts si cela est en son pouvoir. Ainsi, madame, vous pouvez être convaincue de la sincérité des intentions de notre gouvernement. Il a de plus la ferme volonté de veiller à la sûreté individuelle de Votre Altesse Royale et à celle de votre auguste famille. Ce serait avec douleur qu'il la verrait compromise.

— Il est vrai, répondit la princesse, que le sol anglais est foulé par de vils scélérats qui en veulent à notre existence, et même à celle de nos fidèles serviteurs.

— Je me flatte qu'il n'en est rien, madame, le gouvernement veille à tout avec une activité sans relâche ; il voit, par exemple, avec peine que Votre Altesse Royale, sans subsides, sans munitions, sans troupes et sans marine, veut tenter une descente en France, où des dangers certains l'attendent. Croyez, madame, que le gouvernement anglais prend trop d'intérêt à votre personne pour ne pas s'opposer à cette téméraire entreprise.

— Comment, monsieur, on s'opposerait à mon retour en France ?

— Non, madame ; on empêchera seulement que vous y entriez à main armée, que vous couriez à la mort ou du moins à une captivité certaine.

— Cela ne regarde que moi, répondit Madame d'un ton froid, car elle avait peine à maîtriser son indignation. Je suis reconnaissante de la sollicitude que le gouvernement anglais montre à mon égard ; mais je l'en dispense à l'avenir, ne voulant écouter de représentations que celles que les sujets fidèles de mon fils se croiront en droit de m'adresser.

M. B... parut peu satisfait de cette réponse, et après avoir réfléchi un instant, il ajouta :

— Vous ne songez pas, madame, que vous ne pouvez effectuer une descente en Bretagne ou en Normandie sans le secours des puissances de l'Europe. Cet acte désespéré, en nuisant à votre cause, placera la Grande-Bretagne en hostilité ouverte avec le gouvernement français.

Nous avons reconnu le roi Louis-Philippe; il a fait des promesses qu'il n'a pas encore remplies, et il s'en croira dégagé si nous autorisons une attaque contre lui.

— Je comprends maintenant, reprit Madame d'un ton ironique, d'où vient l'intérêt que le cabinet de Londres porte à la branche aînée des Bourbons; il y a eu des promesses faites au détriment de la France, et tant qu'elles ne seront pas tenues on nous interdira la faculté de recouvrer nos droits.

— L'Angleterre, madame, voudrait vous servir aux mêmes conditions que celles qu'elle obtient du nouveau gouvernement français, et il dépendrait de Votre Altesse Royale d'aplanir bien des difficultés, car en votre qualité de tutrice...

— J'exposerais la succession de mon fils; je mutilerais son sceptre avant de le lui rendre! Non, jamais, n'y comptez pas, monsieur. J'ignore ce que le ministère de Louis-Philippe croira devoir faire dans ses intérêts; quant à moi, ma résolution est irrévocable : je ne céderai pas un pouce du sol français, dussé-je être condamnée à mourir sur une terre étrangère. Vous pouvez donc me parler avec franchise maintenant que vous connaissez ma pensée

— Madame, dit alors le diplomate, nous avons reconnu Louis-Philippe, roi des Français, et jusqu'à ce que nous ayons à nous plaindre de lui ou de son cabinet nous ne permettrons pas qu'une entreprise qui tendrait à le détrôner s'organise en Angleterre.

— C'en est assez ! s'écria la princesse en se levant ; on ne peut déclarer plus clairement que nous sommes prisonniers ici tant que l'Angleterre jugera convenable à ses intérêts de maintenir la royauté de Louis-Philippe.

— Je me suis alors bien mal expliqué, madame, dit M. B..., sans sortir du phlegme britannique, si mes paroles ont pu donner à Votre Altesse Royale une idée aussi désavantageuse de mon gouvernement. Vous êtes entièrement libre de vos actions et de votre personne. On ne veut seulement s'opposer qu'à une descente en France, qui paraîtrait autorisée par le roi Guillaume IV.

— Quand pourrai-je avoir des passeports, monsieur ? dit la princesse avec noblesse.

— Dès demain, madame, si vous le désirez.

— Fort bien ; je suis impatiente de savoir si la France n'a pas quelque possession à céder qui puisse acheter ma captivité en Angleterre.

M. B... ne répondit pas à ces paroles remplies d'amertume, car, bien qu'Anglais avant tout, il ne pouvait s'empêcher, en homme d'honneur, de sentir que l'indignation de la princesse était légitime. Il lui renouvela ses offres de service et se retira bientôt après, sa mission étant terminée.

Dès que le diplomate fut sorti, Madame vint nous tirer de notre prison. Elle avait le visage enflammé, les yeux étincelans, et elle nous trouva peu disposés à calmer ce noble courroux, car nous étions nous-mêmes désespérés de voir s'écrouler en un instant l'édifice sur lequel nous semblait reposer tout l'avenir de la France. Nous étions immolés à l'avidité d'une nation insatiable, parce que la branche aînée ne voulait pas consentir à abandonner un des plus brillans fleurons de sa couronne. Eh bien! messieurs, nous dit Madame en portant un mouchoir à ses yeux, vous venez d'en acquérir la preuve, la France est vendue, et on consent seulement à la tenir de notre main ! Puisse la mienne se dessécher avant qu'elle signe un de ces protocoles que M. Sébastiani ne rougit peut-être pas d'accepter ! Non, c'est avec des moyens plus nobles que nous devons reconquérir ce qui nous a été enlevé par la violence. Qu'allons-nous maintenant devenir, messieurs ? ajouta Madame ; on m'attend en Bretagne, on doutera de mon courage, de mon amour maternel !

Des larmes interrompirent l'auguste princesse : ah ! dans ce moment qu'elle était grande et belle ! Quand sa douleur fut un peu calmée elle écrivit immédiatement à Holy-Rood pour instruire la famille royale de ce qui venait de se passer, et lui dire que, puisqu'on s'opposait à ce qu'elle entrât en France par mer, elle tâcherait d'y pénétrer par terre, et que rien ne pourrait l'empêcher d'effectuer ce projet.

CHAPITRE XXIV.

Les personnes qui devaient accompagner Son Altesse Royale en France furent averties que toutes les dispositions étaient changées, et qu'il fallait attendre une époque plus favorable. On ne leur laissa pas ignorer le motif de ce changement, ni le noble refus de Madame à l'offre qui lui avait été faite par le cabinet de Londres.

Il nous revint bientôt après que l'ambassadeur français disait partout que son gouvernement ne soutiendrait aucune rébellion en Europe contre le droit divin; que dans quelque pays que ce fût il s'opposerait à l'établissement d'une constitution libérale par force ou par inertie, et que jamais il ne souffrirait une attaque sérieuse contre Ferdinand VII et don Miguel.

Madame dit à ce sujet:

— Je ne puis me faire à l'idée de voir la France révolutionnaire au-dessous de la France monarchique. Ah! si j'avais été à la tête du gouvernement de juillet, j'aurais tenu une autre conduite! Mais Dieu a donné à cette révolution naissante tout ce qui pouvait la tuer d'abord. Voyez quels ministères s'y succèdent! voyez qui les représente ici!

C'est au milieu de l'agitation que nous causait ce contre-temps, que Delpart vint me rejoindre à Londres. Je lui dis que s'il voulait continuer à obtenir d'utiles renseignemens, il fallait qu'il passât immédiatement à Turin où Madame allait se rendre par mer, et que là nous pourrions travailler ensemble à nos intérêts.

Je le revis deux jours après; il était disposé à suivre mon avis. Le misérable ne se doutait pas du sort qui l'attendait en Piémont; car, dès qu'il eut mis le pied sur les états du roi de Sardaigne, il devint l'objet d'une surveillance spéciale, et ayant voulu gagner deux gardes-du-corps qu'on avait mis sur son chemin, ceux-ci prirent ce prétexte pour l'assommer de telle sorte qu'il ne s'en releva pas. J'ai su depuis qu'il était mort sans avoir été réclamé par personne.

Ainsi que M. B... l'avait dit à Son Altesse Royale, les passe-ports qu'elle avait réclamés lui parvinrent le lendemain de son entrevue avec ce personnage. La princesse voulut emporter avec elle une forte somme de la monnaie frappée à l'effigie de son fils : on sait qu'elle représente le jeune prince vêtu en colonel ; il y a, autour de la médaille, *Henri V*, *roi de France*; l'écusson aux armes de sa maison est sur le revers. Madame tenait à en répandre sur la route. Tout tendait à un départ prochain. Je continuais à me bercer de l'espoir de partager tous les périls de la princesse et de ne point la quitter ; mais ce beau rêve ne devait point tarder à être détruit !

— Enfin, me dit Madame, voici le moment où tous ceux qui me sont dévoués doivent redoubler avec moi d'efforts pour parvenir au but désiré. Il y a parmi mes serviteurs des hommes sur la fidélité desquels je compte plus particulièrement, vous êtes du nombre, monsieur ; aussi il est des sacrifices que je n'hésiterais pas à vous demander, et peut-être l'instant est-il arrivé d'en exiger un de votre part : vous allez vous-même en juger. M. d'Harcourt intrigue à Madrid pour empêcher que je sois admise dans les états de Sa Majesté Catholique, et que surtout on en écarte à jamais mon fils. Il me faut auprès de Ferdinand VII un agent dévoué et secret qui combatte l'influence de mes ennemis : qui peut m'inspirer plus de confiance que vous pour remplir cette mission difficile ?

— Moi ! madame, m'écriai-je comme frappé d'un coup mortel, Votre Altesse Royale me renvoie donc de sa présence ; mes services ont-ils cessé de lui plaire ?

— Est-ce vous renvoyer, monsieur, que de vous donner la plus grande preuve de ma confiance ? que de vous charger de me représenter à la cour d'Espagne ? Je présume que d'autres à votre place regarderaient cette mission comme une faveur.

— Je dédaignerais, madame, ce qui ferait l'envie de tout le monde, si pour l'obtenir il fallait quitter Votre Altesse Royale. C'est vous, madame, c'est votre auguste fils que j'ai suivis dans l'exil, et m'éloigner de l'un et de l'autre c'est m'enlever la seule récompense que je désirais obtenir de mon dévouement.

Madame pardonna à l'excès de ma douleur la véhémence de ces paroles, et, bien que blessée du reproche que j'avais osé lui adresser, elle me dit avec une douceur qui me le fit regretter plus amèrement :

— Je ne puis donc compter sur vous que pour un point déterminé, et vous devenez indifférent à mes intérêts lorsque vous n'êtes pas soutenu par ma présence? Non, monsieur, vous avez trop de noblesse et de générosité pour qu'un sentiment d'égoïsme puisse se glisser dans votre âme. Vous irez où je vous envoie, ce sera tout au plus une absence de deux ou trois mois; puis vous reviendrez me rejoindre, si je ne vais pas moi-même en Espagne vous porter le pardon de votre rébellion.

— Ma rébellion !...

— Et de quel autre nom qualifier cette résistance? répliqua Madame avec un sourire bienveillant. Allons, monsieur, que tout soit oublié, et consolez-vous en pensant que si j'avais eu autour de moi quelqu'un qui méritât mieux ma confiance, je ne me serais pas adressée à vous.

Que pouvais-je répondre à tant de bonté? Rien, sinon de me prosterner devant Son Altesse Royale et la conjurer de me pardonner un moment d'oubli. Madame me donna sa main à baiser en signe de réconciliation, et je reçus cette faveur avec autant de respect que de gratitude. La princesse me fit part ensuite de ses instructions. Je devais aller m'embarquer à Plymouth, sur un navire qui ferait voile pour Cadix, d'où je me rendrais en toute hâte à Madrid pour y remplir ma mission; puis je traverserais la France, et viendrais rejoindre Madame en Piémont.

Rien assurément n'était plus honorable que cette ambassade; j'en sentais tout le prix, et cependant je ne songeais qu'avec désespoir à m'éloigner de la princesse. Je ne veillerais plus à sa sûreté; les jours, les semaines, les mois peut-être s'écouleraient sans que je pusse avoir de ses nouvelles! Je mis une sorte d'orgueil à dévorer mes larmes; mais tout en voulant montrer de la fermeté, je ne laissai voir qu'un sombre accablement, preuve de ma faiblesse;

aussi nul ne me félicita sur le rôle important que j'allais jouer.

Avant mon départ, je pris des mesures pour ne pas rester étranger à ce qui se passerait, soit à Holy-Rood, soit partout où serait Son Altesse Royale. La princesse mit d'ailleurs le comble à sa faveur en me promettant de prendre elle-même le soin de me mander ce qui l'intéresserait, et ce qui aurait rapport à mes nouvelles fonctions. Le moment fatal arriva, je quittai Londres la mort dans l'âme. Je recommandai la princesse, avec chaleur, à tous ceux qui l'entouraient, et au comte de Mesnard; c'était faire injure à ce fidèle serviteur, mais touché de mon chagrin il voulut bien me le pardonner.

J'arrivai à Plymouth peu disposé à remplir convenablement mon rôle d'ambassadeur secret, car le combat qui se livrait en moi absorbait toutes mes facultés ; mais le lendemain je reçus une lettre de Son Altesse Royale, qui vint relever mon courage abattu et me donner une nouvelle énergie; elle était conçue en ces termes :

« J'espère que vous êtes arrivé à Plymouth

» sans malencontre ; puisse votre voyage être
» heureux, et assurer le succès de votre mission.
» Les vrais amis sont si rares qu'on ne peut
» trop leur recommander de se conserver à ceux
» qui savent apprécier leur dévouement. Ainsi
» donc, soyez prudent ; mais je me rassure en
» pensant que vous allez au milieu d'une nation
» où existe la véritable grandeur. On ne spécule
» point en Espagne sur l'infortune, on n'y fait
» point acheter les bienfaits par des proposi-
» tions déshonorantes. Tâchez de voir tous les
» Français qui sont à Madrid ; cherchez à ramener
» ceux qui nous sont contraires, parlez-leur de
» notre désir de faire tout pour la France et
» rien sans elle, et qu'on sache que la troisième
» restauration aura pour but d'assurer les li-
» bertés publiques. Si l'on doute de notre sin-
» cérité, employez vos efforts à convaincre ceux
» qui nous craignent que nous rentrerons éclai-
» rés par l'expérience. J'engage mon honneur
» devant Dieu et devant les hommes, montrez
» cette lettre à qui voudra la voir, afin qu'on
» ne puisse douter de la franchise de mes sen-
» timens.

» Adieu, monsieur ; veillez sur vous, et re-

» posez-vous sur mon attachement; je ne le
» retire pas sans cause... »

Ces lignes précieuses furent pour moi un baume consolateur, qui adoucit du moins mes souffrances s'il ne put les dissiper entièrement. Le lendemain le vaisseau mit à la voile, et je voguai une seconde fois sur cet Océan, qu'en août dernier j'avais traversé avec des sensations bien différentes. Ah! comme mon cœur fut agité lorsque les côtes de France m'apparurent dans le lointain, lorsque je me trouvai aussi près de la patrie! Hélas! me serait-il permis de la revoir, pourrais-je y rentrer sans être contraint de prêter un serment impie? Non, le serviteur des Bourbons devrait prononcer lui-même l'arrêt de son bannissement perpétuel, jusqu'à ce que la providence le ramenât à la suite de ses maîtres.

Nous fûmes assaillis par une bourasque assez violente à la sortie du golfe de Gascogne, mais loin de nuire à notre marche, elle lui imprima une nouvelle vitesse. Les côtes d'Espagne et de Portugal se déployèrent bientôt à nos regards dans toute leur magnificence. J'aurais voulu qu'un coup de vent nous forçât à entrer dans le Tage; mais il n'en fut rien, nous continuâmes de cingler vers Cadix, lieu de notre destination.

Je montais un vaisseau anglo-américain, fin voilier et conduit par d'habiles marins. Il y avait à bord quelques marchands espagnols habitués à courir le monde ; mais ils n'aimaient que leur patrie et son antique constitution.

— Senor, me disait l'un d'eux, le mieux est l'ennemi du bien. Suivant la pente générale qui fait toujours désirer ce que l'on n'a pas, nous avons voulu aussi un changement ; mais les gens sages ne sont pas déjà à s'en repentir, c'est ce qui fait que l'esprit révolutionnaire perd chaque jour de son intensité, et finira bientôt par disparaître entièrement. Qu'avons-nous gagné à renverser Godoy? rien, sinon d'être envahis pendant six ans par les troupes françaises, de voir nos maisons pillées et dévastées, le commerce ruiné, et mille autres maux dont un seul aurait suffi pour nous faire regretter l'ancien ordre de choses.

J'approuvai les réflexions de cet honnête Espagnol, qui, du reste, n'était pas partisan de notre dernière révolution. Il prétendait, dans un langage plus franc que poli peut-être, je l'avoue, que c'était une révolution de dupes au profit des *picarons*.

CHAPITRE XXV.

Enfin Cadix nous ouvrit son port majestueux ; il fixa toute mon attention ; car je me rappelais que toutes les forces de Bonaparte étaient venues échouer contre ses remparts, et qu'une autre armée, sous les ordres de monseigneur le duc d'Angoulême, y avait vu flotter son drapeau triomphant. Ce fut avec orgueil que je pensais à ce glorieux fait d'armes de la France royaliste, que je rendis à cette restauration calomniée la justice qui lui est due. Oui, me disais-je, c'est sur les courtines de la ville d'Hercule, où les aigles impériales ne purent s'élever, que l'oriflamme sans tache s'est déployée dans toute sa gloire ; c'est encore sur les côtes de la Grèce qu'elle s'est montrée radieuse et resplendissante, et sur les créneaux d'Alger qu'elle a pris la place du croissant ! Mon cœur français bondit à ces souvenirs.

Cadix est une ville toute commerçante. On en a fait trop souvent la description pour que je la renouvelle ici; d'ailleurs je ne fis que la traverser, étant pressé d'arriver à Madrid pour entamer la négociation dont j'étais chargé. Que l'Espagne est belle et majestueuse dans ses provinces méridionales! Combien j'admirai sa fertilité, ses admirables sites, ce Guadalquivir, fleuve royal qui baigne de si féconds et si riches rivages! Et Séville, Cordoue, et Tolède, ces cités des vieux Espagnols, où tout est si pittoresque, si poétique! Après avoir admiré les chefs-d'œuvre de l'architecture mauresque et gothique, je ne vis pas avec moins de plaisir les peintures de l'école espagnole exposées dans les monastères; ces tableaux si sublimes de composition, d'expression, et relevés encore par un coloris supérieur peut-être à celui des écoles de Hollande et de Flandre. On ne se doute pas en France combien la Péninsule est riche en artistes à talent! Deux ou trois nous sont connus, tandis qu'il y en a quarante qui ne leur cèdent en rien, et dont le nom n'a même pas frappé nos oreilles. La sculpture aussi a fourni des talens fort remarquables ; mais je défie à tout homme qui a un cœur, fût-il juif ou païen, de ne pas se mettre à genoux devant une Vierge de Murillo.

Dès mon arrivée à Madrid, je me rendis chez M. de ***, agent d'affaires de la branche aînée des Bourbons, afin de me mettre en rapport avec lui. Je lui fis connaître la partie de mes instructions que je devais lui communiquer, et l'engageai à me procurer au plus vite une audience de M. de Calomarde, sous les auspices duquel il m'était recommandé de me présenter chez la princesse de Portugal, femme de l'infant don Carlos. Je devais ensuite chercher à pénétrer jusqu'au roi.

Peu de jours me suffirent pour connaître l'esprit public ; il penche vers le système paternel de la royauté, et respecte la légitimité et la religion ; aussi une vive indignation se manifesta parmi le peuple, dans les premières comme dans les dernières classes, lorsqu'il apprit qu'on avait brisé les croix en France et profané les lieux saints. Je jugeai que la cause de Henri de Béarn serait complètement gagnée si elle dépendait de l'opinion espagnole. Je vis également la déconsidération dont était frappée l'ambassade du nouveau gouvernement français, qui n'osait point encore arborer sur sa porte l'armorial révolutionnaire.

M. d'Harcourt vivait isolé dans son hôtel, aucun grand personnage ne venait le voir ou l'inviter aux brillantes *tertulias* (assemblées), qui se donnaient tous les soirs à la cour. Il n'y allait que sur sa demande expresse, encore ne lui était-elle pas toujours accordée. Quant aux réunions intimes, il en était exclu, n'étant point compté au nombre des ambassadeurs de famille. Lorsqu'il sortait, il était assailli de huées et d'épithètes de *traître, de perro, de gavache;* s'il entrait dans un lieu public, chacun s'éloignait de lui, et il restait bientôt seul à sa place; mais il supportait ces affronts, dans l'intérêt de sa cause, avec un stoïcisme imperturbable. Sa correspondance avec le comte Sébastiani est très curieuse; on l'engage à ne s'effrayer de rien, à souffrir en silence; *car, lui dit-on, la France dans sa majesté doit mépriser de telles misères. Vous devez à tout prix maintenir la paix, car la paix est pour nous la grandeur et la victoire.*

Il y a dans l'ambassade des gens qui n'ont point de secrets pour leurs amis; aussi nous sommes au courant de tout. M. d'Harcourt se résigne avec une rare abnégation au rôle qu'on lui fait jouer; je n'ai jamais compris comment lui et son cabinet ne s'aperçoivent pas de l'inutilité de cette conduite; on ne leur en sait nul gré en Espagne, elle ne met aucun obstacle à ce qu'on forme des régimens de déserteurs français enrôlés sous la bannière de la légitimité; elle n'empêche point d'augmenter l'armée nationale, de faire des provisions extraordinaires de munitions et de vivres, dans les provinces qui avoisinent les Pyrénées, et de parler hautement de la prochaine déclaration de guerre, qu'on ne retarde que pour la mieux préparer. Il est étonnant qu'on se laisse éblouir sur les dispositions d'un pays qui sont ouvertement hostiles.

M. de Calomarde manifesta le désir de me voir dès que M. de... lui eut prononcé mon nom; il m'envoya un de ses secrétaires me dire qu'il me recevrait le lendemain à neuf heures précises, sans que j'eusse besoin d'intermédiaire; on doit croire que je fus exact au rendez-vous.

M. de Calomarde est moins le ministre que l'ami du roi ; il n'agit que dans l'intérêt de son maître et de la monarchie ; il se montre inexorable sur tout ce qui pourrait compromettre l'un ou l'autre. Haï des libéraux espagnols, dont il dévoile les menées ; calomnié par les Français du même parti, qui ne se font point scrupule de mentir pour la *bonne cause*, il est représenté par tous comme avide, cruel, et incapable, tandis qu'il ne manque pas d'habileté, de désintéressement et de générosité. Il juge de l'avenir en homme qui a médité et pensé avec raison, que les ennemis de la royauté ne se réconcilieraient jamais sincèrement avec elle, et que dès lors il est dangereux de les souffrir là où elle domine. Je conviens que c'est un défaut de tolérance ; mais si la tolérance est bannie de l'Espagne, je demanderais aux citoyens de la révolution de 1830, si c'est parmi eux qu'elle se trouve.

M. de Calomarde me fit un accueil bienveillant et gracieux.

— Monsieur, me dit-il, puis-je faire trop

pour l'auguste princesse que vous servez, et pour vous-même, dont la conduite est si honorable? J'aurais cru manquer à mon roi, à ce que je me dois, si je vous avais fait attendre un seul jour.

Après ce début si obligeant, nous entrâmes en matière; je lui fis part des dispositions de l'Angleterre, de l'obstacle qu'elle avait mis à la descente de Madame en Bretagne, et de la crainte qu'avait Son Altesse Royale que les intrigues du gouvernement français ne lui fermassent l'entrée de la Péninsule; M. de Calomarde m'écouta avec attention sans m'interrompre, puis lorsque j'eus cessé de parler, il me dit:

— Nous autres vieux chrétiens avons d'autres règles de conduite que les nouveaux convertis; l'honneur chez nous passe avant l'intérêt; ainsi, rassurez Madame: dès qu'elle se présentera en Espagne, elle sera reçue avec tous les égards qui lui sont dus. Comment! nous repousserions la sœur de notre reine, la mère du roi de France, chef de la maison de nos souverains! Non! il y a trop de sang castillan dans nos veines pour y introduire une telle tache; Madame sera accueillie à bras ouverts, sans conditions aucunes; nous l'aiderons au contraire de tous nos moyens, bien convaincus que Dieu nous récompensera; car il voit toujours de bon œil ceux qui protègent la veuve et l'orphelin.

Je fus frappé de ce mélange de grandeur et de piété, et je ne le cachai point au ministre, qui parut sensible aux choses flatteuses que je lui dis à ce sujet; puis il reprit la parole.

— On sait déjà à Paris que madame la duchesse de Berry vient sur le continent; on a cru d'abord qu'elle se rendrait directement en Espagne; M. d'Harcourt a reçu l'ordre de demander au roi qu'il n'admît pas dans ses états l'auguste princesse, et Sa Majesté m'a chargé de traiter cette affaire. Monsieur, ai-je dit à l'ambassadeur, si en 1815 Bonaparte, à son retour de l'île d'Elbe, se fût assis solidement sur le trône, pensez-vous que le roi mon maître aurait voulu obtenir de lui qu'il ne laissât pas en France Joseph Bonaparte? Croyez que jamais cette pensée serait venue à Sa Majesté Catholique, car elle aurait cru avec raison qu'une telle demande ne pouvait être accordée. Il en sera de même dans cette circonstance. Sa Majesté Charles X, et les princes de la branche aînée, ne seront point chassés d'un royaume où règne leur famille; ils y recevront au contraire l'accueil qui est dû à leur rang et à leurs infortunes. M. d'Harcourt, poursuivit M. de Calomarde, fut un peu surpris de ce discours; il me représenta que la présence de Madame en Espagne troublerait la tranquillité de la France, et servirait d'aliment aux factieux, mais rien ne put m'ébranler dans ma résolution; la conférence se termina ici, et M. d'Harcourt se retira peu satisfait de notre politique, qu'il qualifia d'*héroïsme de sentiment.*

Je priai M. de Calomarde de m'obtenir le plus tôt possible l'honneur d'être admis auprès de la personne du roi et de Sa Majesté la reine. Il me répliqua que déjà il avait prévenu mon désir, et que je serais appelé incessamment devant Leurs Majestés; et après m'avoir fait des offres de service, je pris congé de lui.

En rentrant chez moi, je trouvai un billet du majordome de l'infant don Carlos, qui m'annonçait l'acquiescement de Leurs Altesses Royales à m'accorder une audience. Le jour et l'heure étant fixés, je m'y rendis avec empressement. L'infant don Carlos est petit et maigre, ses yeux brillans annoncent autant de vivacité que de pénétration ; la princesse sa femme, infante de Portugal, sœur de don Pedro et de don Miguel, a une figure pleine de grâce et d'expression ; c'est d'elle qu'on peut dire, sans intention poétique, que son silence est encore éloquent après ses paroles. Les deux nobles époux m'accordèrent leur main à baiser, puis s'informèrent avec intérêt de ma royale maîtresse, de sa santé et de ses espérances.

L'infante venait d'éprouver elle-même un grand chagrin causé par la chute du trône de don Pedro dans le Brésil, et par les menaces que le gouvernement français était sur le point d'effectuer contre don Miguel. Cette princesse me dit :

— La cause de la duchesse de Berry est la nôtre ; nous sommes solidaires les uns des autres. Si les libéraux sont victorieux à Lisbonne, ils le seront bientôt en Espagne, et ce sera fait de la maison royale des Bourbons.

— Il est vrai, répondis-je, que les révolutionnaires ont le projet de renverser tous les trônes, et il est dans l'intérêt des souverains de repousser la démagogie.

— J'espère, monsieur, poursuivit l'infante, que nous parviendrons à l'étouffer en dépit des efforts de nos ennemis. Aussi je conseille à Madame, lorsque son fils sera solidement établi sur le trône, de ne pas laisser un seul jacobin en France en état de lui nuire.

— Son Altesse Royale affermira la couronne sur la tête de Henri V par de la clémence et de la fermeté.

A ces mots l'infant et l'infante hochèrent la tête; le premier dit:

— Je crois que trop de clémence tourne quelquefois contre celui qui l'emploie. Voyez, l'Espagne est tranquille, et pourquoi? parce qu'on a chassé ou détruit tous les misérables qui l'ont troublée; il vaut mieux écraser le reptile que de s'en laisser mordre. Si Louis XVIII, en 1814, avait agi comme le roi d'Espagne, Bonaparte ne serait pas revenu.

Je répondis avec autant de respect que de réserve; car c'était un texte sur lequel nous ne pouvions être d'accord, et je ne voulais ni contrarier Leurs Altesses Royales, ni professer des principes qui n'étaient pas ceux de Madame, ni les miens.

Don Carlos me questionna sur les secours que Madame espérait tirer de l'intérieur, et sur les dispositions du centre, de l'est et du nord du royaume. Je lui fournis sur ce point tous les renseignemens que j'avais moi-même; il en parut satisfait et reprit :

— Si les évènemens prennent cette tournure, la contre-révolution ne se fera pas attendre ; l'Espagne l'aidera de tous ses moyens, mais l'Espagne elle-même a besoin que la France la seconde ; il faut surtout que la duchesse de Berry ne se jette pas dans les bras de l'Autriche, qui garde en réserve un gage pour en tirer parti au besoin.

— Madame, répondis-je, ne demande pas des armées ; elle refuserait de reparaître en France avec un tel concours. Cependant Son Altesse Royale en excepterait les seules troupes espagnoles, parce qu'elles appartiennent à la famille ; mais du reste elle ne veut que des démonstrations de cabinet qui annoncent qu'on reconnaît la légitimité de ses prétentions.

L'infant, véritable Espagnol, parut comprendre parfaitement cette délicatesse de la princesse.

— En effet, dit-il, l'étranger est toujours de trop dans un royaume, et malheur au souverain qui l'appelle, hors toutefois quand on s'adresse aux princes de son sang, et qui sont portés de cœur à vous obliger. Nous n'oublierons jamais le service que nous a rendu la cour des Tuileries, en 1823; aussi, monsieur, nous saurons acquitter notre dette.

La princesse me questionna ensuite sur la personne de Madame, sur ses goûts et ses habitudes. L'audience se termina ainsi, et j'y puisai de nouvelles espérances pour l'avenir.

CHAPITRE XXVI.

Tandis que je me dirigeais vers Madrid, Madame quittait l'Angleterre, déterminée à ne plus y revenir que pour chercher ses enfans, si la fortune lui était contraire. Ce fut pour elle un bien douloureux sacrifice que de s'éloigner de tout ce qui lui était cher au monde et principalement du fils pour qui elle allait tenter le destin. Cependant, s'armant de fermeté et de courage, elle se décida à entreprendre cette grande œuvre, attendant tout de Dieu, de son bon droit et de ses fidèles amis.

Débarquée en Hollande, Son Altesse Royale traversa rapidement le royaume pour se diriger vers la Suisse et le Piémont, où il lui était promis de nombreux secours; on eut des nouvelles de son voyage par une lettre adressée au *Temps* qui disait:

« Monsieur,

» J'ai quitté Londres le 15 juin, et je suis ar-
» rivée à Mayence le 22, après avoir fait une
» partie de la route en bateau à vapeur, avec
» la duchesse de Berry. Elle était accompagnée
» d'un homme gros et court, âgé d'environ cin-
» quante à cinquante-cinq ans, parlant anglais
» avec facilité, d'un autre individu d'une tren-
» taine d'années, d'un teint brun, qui sem-
» blait être Italien, et se faisait appeler le
» comte de Caussa, et d'une dame aux cheveux
» noirs et à la physionomie agréable, aux ma-
» nières distinguées, et passant pour la com-
» tesse de Caussa. Outre ces personnes, la prin-
» cesse était encore suivie d'une jeune Française
» qui paraissait remplir à la fois les fonctions
» de dame de compagnie et de femme de cham-
» bre, et d'une Anglaise servant de domestique.

» Je n'ai pu découvrir le véritable nom de la
» comtesse de Caussa, qui m'a frappé par son
» air mélancolique qu'elle attribue à la perte
» récente d'une fille. Serait-elle l'épouse d'un
» des prisonniers d'état ? Le comte de Caussa
» semble oublier parfois d'en parler comme

» de sa femme, et je la croirais plutôt sa sœur.
» Je ne pense pas que le comte de Bourmont
» soit, au nombre des voyageurs, l'individu âgé
» servant la duchesse en qualité de secrétaire.

» La princesse n'a jamais paru vouloir cacher
» ses traits ; mais j'ai remarqué qu'on a évité
» d'entrer à Cologne et à Coblentz par le pa-
» quebot. La duchesse a voyagé en voiture à
» partir de Dusseldorf ; puis de Newied les do-
» mestiques ont continué la route par la voie
» ordinaire, et ce n'est qu'en arrivant à Mayence
» que la princesse a été reconnue. »

Je pourrais lever le voile qui enveloppe les personnes dont Madame était environnée dans ce voyage ; mais je ne le ferai point ayant ordre de respecter leur incognito. J'ai su jusqu'aux moindres détails de ce pèlerinage, les embarras, les inquiétudes, et même les dangers dont il a été suivi ; on craignit deux fois de tomber dans une embuscade ; il n'en fût rien heureusement. Les auberges étaient remplies d'espions, car le prince de Talleyrand avait donné avis du départ de Madame, dont l'apparition sur le continent alarme singulièrement le gouvernement français. Dès que les ministres, qui étaient dispersés, l'apprirent, ils se réunirent en hâte, et parlèrent dès lors avec moins de dédain du programme de l'Hôtel-de-Ville. Monsieur Périer fut même sur le point de demander des secours à la révolution.

Cette nouvelle répandue dans le royaume y causa une vive agitation. L'Ouest et le Midi se tinrent sur le qui-vive, et plus d'une personne crut à la possibilité d'un retour à l'ancien ordre de choses. On me manda de Provence, de Bretagne, de Guienne et de Languedoc, qu'on était prêt. Je compris ce que cela voulait dire.

L'audience que j'attendais du roi d'Espagne fut retardée par suite de la mauvaise santé de ce monarque. L'étiquette exigeait que l'on ne pût voir la reine avant le roi ; mais on daigna s'en écarter afin de me faciliter l'occasion de remettre plus promptement à Sa Majesté la lettre de son auguste sœur, dont j'étais porteur. J'ai oublié plus haut de parler de la princesse, épouse de l'infant don Francisco, autre sœur de Madame, pour laquelle j'avais aussi des recommandations. J'en fus accueilli avec bienveillance, et cette princesse me donna des preuves non équivoques de l'attachement qu'elle porte à mon auguste maîtresse.

La reine d'Espagne, belle, douce et bonne, reçut de ma main les dépêches de Madame, avec les marques d'un profond attendrissement.

— Ah! monsieur, me dit-elle, voilà quarante ans que la proscription et l'assassinat fondent sur ma famille! il semble que Dieu veuille nous faire épuiser jusqu'à la lie la coupe de l'infortune! Dites à Son Altesse Royale que notre affection pour elle ne variera jamais, et que nous nous occupons des intérêts de son fils, bien que les apparences puissent lui faire croire le contraire. Que la princesse, ma sœur, se repose sur nous; il viendra peut-être des temps plus heureux. Aurions-nous pu croire qu'une princesse de notre sang, que la sœur de notre auguste père, consentirait à s'asseoir sur un trône... ?

La reine s'arrêta; j'étais vivement ému, et ne devais-je pas, d'après ces paroles royales, espérer un avenir plus riant? Sa Majesté me parut avoir autant de sensibilité que de noblesse, et elle me fit presque oublier la souveraine en me montrant la tendresse touchante d'une sœur pour une sœur dans l'infortune.

Je reçus successivement plusieurs lettres de la colonie qui suivait la noble voyageuse. Madame daigna elle-même se rappeler sa promesse, et me mander de sa main qu'elle était satisfaite de mon zèle. Voici quelques fragmens de sa lettre, que je cite avec quelque orgueil, je l'avoue :

« Le bien que vous faites à la cause de mon
» fils doit vous dédommager du sacrifice que
» j'ai exigé de vous ; car le cœur est tranquille
» quand la conscience ne reproche rien.

» Dès que j'ai paru ici, je me suis vue entou-
» rée de ceux qui ont partagé nos malheurs ;
» le nombre en est plus considérable qu'on ne
» pourrait le supposer, et je reconnais aujour-
» d'hui qu'il existe plus de dévouement qu'on
» n'en accorde à ce siècle. J'ai trouvé ici M. de
» R..., de C..., de B..., de T..., de M..., de L...,
» de F..., de S... et de N..., enfin les fidèles par
» excellence.

» Ils me disent que l'on commence à s'aper-
» cevoir en France que ce qu'on a gagné de
» plus clair à notre départ c'est l'augmentation
» du budget et des charges ; que les plus habi-

» les ne le sont guère ; que les probes ne le sont
» point; que personne ne prend la peine de
» cacher son avidité, et que des révélations de
» tout genre mettent au jour des vérités qui
» gagneraient à être voilées.

» Il y a en France quatre personnes sur les-
» quelles j'appuie mon espérance : la première
» est... ; la seconde M. Casimir Périer, qui fi-
» nira par rompre en visière, de manière à ce
» qu'on ne voudra même pas être payé par lui;
» puis M. Soult, qui a soin de laisser nos braves
» officiers de la garde dans l'armée, et M. Sé-
» bastiani, que nous seuls nous pouvons faire
» duc? Je n'en oublie pas un cinquième...

» Vous le voyez sans doute comme moi,
» monsieur, mes ennemis semblent vouloir tra-
» vailler à la cause de mon fils. Quant au con-
» nétable futur, il lui tarde, me mande-t-on,
» de jouer le rôle du duc d'Albemarle.

» Je reçois des protestations d'intérêt de tou-
» tes les puissances ; mais je regrette de ne pas
» trouver parmi elles autant de désintéresse-
» ment que de bonne volonté. Quant au Saint-
» Père, il nous est dévoué de cœur, et il n'at-
» tend que l'occasion de nous le prouver.

» Le roi de Naples mon frère me presse de
» venir dans ses états avec tant d'instances, que
» je ne sais comment m'en défendre ; et cepen-
» dant quels amers souvenirs ce voyage renou-
» vellera en moi ! quel triste retour sur le passé !
» Je ne veux revoir ma patrie que lorsque j'au-
» rai acquis assez de force pour supporter de
» tels chagrins, ou du moins pour me raidir
» contre eux. Hélas ! dans quelles circonstances
» en suis-je partie ! et comment y reviendrai-je !

» J'ai eu un instant d'effroi, impossible à
» dépeindre, en lisant dans *la Quotidienne* la
» prétendue tentative d'assassinat contre mon
» fils. La *Gazette de Bretagne* a eu tort de ré-
» pandre cette fausseté, qui pourrait faire dou-
» ter plus tard d'un fait véritable. Je recom-
» mande à mes amis de France de s'opposer à
» ce qu'on renouvelle dorénavant ces fables ;
» d'ailleurs, elles me tueraient si pendant vingt-
» quatre heures je pouvais y croire. Ceux qui
» les inventent ne comprennent rien au cœur
» d'une mère.

».Dès que vous aurez réussi à Madrid, reve-
» nez me rejoindre. Ce n'est pas un exil qu'une
» telle mission, je devine ce qui a pu vous le

» faire supposer : on se laisse prendre facile-
» ment à certaines insinuations; mais rien de
» ce qui a été dit n'est vrai, je vous en préviens
» en passant. »

On lisait dans la *Gazette de Bretagne :*

« Dans notre dernier numéro nous avons
» annoncé, d'après notre correspondance par-
» ticulière, qu'une tentative d'assassinat avait
» été faite sur la personne de monseigneur le
» duc de Bordeaux; le temps ne nous a pas
» permis de donner le même jour les détails
» contenus dans la lettre que nous venions de
» recevoir. Les voici; nous ne connaissons pas
» encore la version des journaux anglais :

» Son Altesse Royale se promenait dans un
» parc voisin d'Édimbourg, accompagnée de
» trois hommes de sa maison, et notamment de
» M. de La Vilatte, son premier valet de cham-
» bre. Le jeune prince avait pris l'avance sur les
» trois personnes de sa suite en les défiant à la
» course, et M. de La Vilatte a hâté le pas pour
» rejoindre son maître qu'il avait plusieurs rai-
» sons pour ne pas vouloir perdre de vue. Au
» détour d'une allée ouverte, M. de La Vilatte

» a aperçu un homme qui s'est élancé sur mon-
» seigneur le duc de Bordeaux, comme un tigre
» sur sa proie. Se précipiter sur le meurtrier,
» le saisir à la gorge et l'écarter de Monseigneur,
» a été pour lui l'affaire d'une seconde. Il paraît
» que la lutte a été terrible : on ajoute que
» l'assassin fut blessé à mort par M. de La Vi-
» latte. On a trouvé sur lui deux poignards, et
» deux pistolets chargés de balles mâchées. En
» rentrant au palais de Sainte-Croix (Holy-
» Rood), monseigneur le duc de Bordeaux s'est
» rendu premièrement à la chapelle, où il est
» resté en prières jusqu'à ce qu'on soit venu le
» prévenir que son grand-père le demandait.
» Le jeune prince n'avait pas donné la plus lé-
» gère marque de frayeur et d'émotion ; mais
» il ne peut plus voir M. de La Vilatte sans ma-
» nifester de l'attendrissement. »

Quotidienne du 11 juillet 1831.

Cette lettre me combla de joie, en me prouvant que Madame ne renonçait pas au plus
fidèle de ses serviteurs, ainsi que j'en avais l'inquiétude ; car je me dispense de mettre ici
une foule de circonstances qui me sont parti-

culières, il m'était revenu que mes soins importunaient, et qu'on avait saisi une occasion honorable pour me congédier; mais ces dernières lignes de Son Altesse Royale me rassurèrent complètement, et je ne m'attachai plus qu'à continuer de la servir avec le même zèle.

Je sus que M. de Blacas, dont la conduite depuis les évènemens de juillet est au-dessus de tout éloge, avait rejoint Son Altesse Royale avant qu'elle entrât en Italie. Il la prévint que tous les souverains de cette belle contrée étaient disposés en faveur de la branche aînée de Bourbon. Madame s'entretint long-temps avec le duc sur les affaires actuelles; puis elle l'envoya auprès du roi de Sardaigne, Charles Albert, qui annonce devoir marcher sur les traces de ses prédécesseurs. Ce prince allait à Gênes; il emmena avec lui le duc de Blacas, tandis que l'ambassadeur du gouvernement français restait à l'écart, et fort embarrassé de la contenance qu'il aurait à tenir lorsque Madame arriverait dans cette ville.

Son Altesse Royale alla d'abord en Suisse; elle y trouva un grand nombre de ces braves soldats qui, pendant les journées de juillet, défendaient la monarchie, comme ils l'avaient fait au dix août. Madame les reçut avec la touchante et gracieuse sensibilité qui donne du prix à ses moindres remerciemens, et elle leur dit :

— Il m'est pénible de vous avouer que dès l'instant où la France s'est prononcée contre vous, je dois, au nom de mon fils, renoncer à votre service dans l'armée française, car un souverain qui tient à être aimé ne peut agir contre le vœu de la nation.

Les Suisses comprirent le motif qui guidait la princesse, et en admirèrent davantage sa loyauté et sa franchise. L'expérience de Madame, éclairée par le malheur, lui trace la ligne qu'elle doit suivre dorénavant : elle sait qu'afin d'éviter de nouvelles secousses il faudra régner non pour quelques uns, mais pour tous.

La personne avec laquelle je correspondais le plus exactement d'Espagne à Holy-Rood, m'écrivit à cette époque la lettre suivante :

« On vous regrette, mon ami ; Monseigneur » le duc de Bordeaux parle de vous sans cesse. » Il grandit, et acquiert chaque jour quelque

» grâce nouvelle, en même temps que sa raison
» et son intelligence se développent d'une ma-
» nière surprenante. Ce jeune prince est élevé
» à l'école de l'infortune, et il en recueille déjà
» tous les avantages. Il dispute le prix de la
» course et le remporte souvent sur ses jeunes
» compagnons. Il est gai, alerte, téméraire et
» intrépide; il sera digne en tous points du
» grand roi dont il porte le nom. Son gouver-
» neur lui demandait dernièrement à quel mo-
» narque de France il voulait ressembler: il
» réfléchit un instant, puis répondit :

» — A Louis XII.

» — Et pourquoi, Monseigneur?

» — Parce qu'il a mérité le surnom de *père
» du peuple*, et que c'est le plus beau titre qu'un
» roi puisse porter.

» J'étais présent, et je me permis de lui de-
» mander ce qu'il pensait de Louis XVI ; cette
» fois il répliqua, sans hésiter :

» — C'est un roi qu'il faut plaindre et non
» imiter.

» Je ne puis vous donner une meilleure
» preuve de son jugement. Nous allâmes, avec
» le jeune prince, visiter le château de Stirling.

» Là est un album, comme en beaucoup de
» lieux de l'Angleterre, sur lequel on invite
» les voyageurs à inscrire leurs noms et des
» pensées. La plume ayant été présentée à Son
» Altesse Royale, il écrivit aussitôt : *Henri, exilé*
» *malheureux*. Nous fondîmes en larmes. Le jeune
» prince, non moins ému, mais sans pleurer,
» nous dit :

» — Voilà ma situation actuelle ; elle m'en-
» seignera plus tard à me mieux conduire en
» roi.

» Monseigneur aime à parcourir les maisons
» de campagne situées dans les environs d'Edim-
» bourg. Je le menai chez sir W. Harrington.
» Les profondes cicatrices qui couvrent le vi-
» sage de ce vieux militaire prouvent qu'il n'a
» pas gagné ses grades dans les états-majors. Il
» a un magnifique château qu'il habite avec sa
» famille. Nous arrivâmes inopinément : sir W.
» Harrington, flatté de l'honneur que lui faisait
» le prince, s'excusa de ne pas paraître devant
» lui dans un costume plus convenable.

» — Monsieur, répliqua Son Altesse Royale,
» vous ne pouvez avoir de parure plus glorieuse
» que les cicatrices que vous portez !

»Le colonel ne cacha pas la satisfaction que
»lui causait un compliment aussi flatteur.

»Monseigneur parle toujours de l'époque à
»laquelle il pourra agir par lui-même. Il me
»demandait avant-hier à quel âge on entrait
»en majorité.

» — A vingt ans, répondis-je.

» — Et les rois de France?

» — A quatorze.

» — Quand je serai majeur, je tâcherai
»aussi d'imiter Henri IV, car j'aime les vers
»de la Henriade.

Il fut de ses sujets le vainqueur et le père.

» — Sais-tu, poursuivit-il, qu'un prince est
»plus considéré quand il a su reconquérir lui-
»même son héritage.

»Mademoiselle est aussi étonnante par son
»esprit et sa finesse ; elle disait à madame de
»Gontaut :

» — Maman, je gage que je ne suis plus
»bonne à marier.

»La duchesse crut ne pas devoir répondre,
»et Mademoiselle poursuivit :

» — Si mon frère rentre en France, les par-

»tis ne me manqueront pas, il y aura alors un
»de mes cousins qui soutiendra qu'il n'a pas
»cessé de m'adorer ; mais moi, je n'en croirai
»rien, et je ne voudrai plus de lui.

»Mademoiselle dit une autre fois :

»— Il ne manque plus ici que l'enfant
»Jésus, car il y a déjà trois rois pour lui rendre
»hommage.

»— Cette jeune princesse s'informe sans
»cesse de sa mère ; elle suit sa route sur la
»carte, et dit qu'au lieu d'apprendre la géo-
»graphie par cœur elle l'apprend par senti-
»ment.

»Sa Majesté Charles X est toujours calme et
»résigné, il met toute sa confiance en Dieu, et,
»comme un autre saint Louis, il a déposé
»sans regret sa couronne à ses pieds. Mon-
»seigneur le Dauphin imite de point en point
»cette abnégation admirable, il s'amuse à
»écrire à côté du nom des généraux qui mon-
»trent le plus de dévouement pour Louis-Phi-
»lippe, les assurances d'amour et de fidélité
»qu'ils lui répétèrent tant de fois, et entre au-
»tres le comte de Bordessoule.

»Les deux princes chassent peu, ils ne s'oc-

» cupent plus que des intérêts de Henri V.
» Toutes les idées de madame la Dauphine sont
» concentrées sur Dieu, et sur ce point elle en-
» tretient une correspondence active avec le
» Languedoc et la Guyenne. Chaque semaine il
» nous arrive un émissaire de ces provinces où
» le feu sacré ne s'éteint pas. »

Je lus avec plaisir ces détails que je répète, bien persuadé de l'intérêt qu'on y prendra, car on aimera à voir nos malheureux princes représentés tels qu'ils sont, après les calomnies dont on n'a pas craint de les couvrir.

CHAPITRE XXVII.

—

Si l'ambassadeur français avait appelé à son secours toutes les finesses de la diplomatie, lorsqu'on m'apprit le projet de voyage de Madame, ce fut bien autre chose quand on sut qu'elle était en Italie, et si près de l'Espagne. Dès lors arrivèrent à foison les notes diplomatiques; les menaces succédèrent aux prières; on parlait de rallier de nouveau aux pieds des Pyrénées les bannis espagnols, de leur fournir des armes, des munitions, et autres secours, si Madame était reçue dans le royaume. Mais tout cet étalage de colère ne fit point peur, et pour cause. Je sus alors que plusieurs mois auparavant une pièce signée par les ambassadeurs de Prusse, de Russie, d'Autriche et de Piémont, qui avait été remise au comte Sébastiani, prévenait le juste milieu que la guerre lui serait déclarée s'il souffrait une attaque des rebelles espagnols contre leur souverain, et que c'était à cette note énergique qu'il fallait attribuer la manière honteuse avec laquelle le cabinet de Paris avait agi à l'égard des réfugiés. Il était donc probable que dans la circonstance actuelle il ne démentirait pas la conduite qu'il avait tenue alors.

Rien ne me retenant plus en Espagne, et ayant hâte de porter moi-même à Madame les bonnes dispositions de sa famille, je fis mes préparatifs de départ; un passeport en règle me fut remis sous un nom supposé; puis je pris la route de Bayonne, par où je devais rentrer. Je traversai plusieurs villes remarquables par leur position, leur architecture, et leurs monumens, et nulle part je n'aperçus de symptômes prononcés d'esprit révolutionnaire, la majorité paraissant satisfaite ou résignée.

Je trouvai à Burgos plusieurs officiers de ma connaissance qui avaient refusé de servir Louis-Philippe; ils formaient des compagnies composées de nos compatriotes, et qui devaient arborer le drapeau blanc à la même place où, en 1823, le général Valin fit canonner avec tant de royalisme l'étendard tricolore. Ils me parurent remplis d'ardeur et de patriotisme.

La plupart avaient l'honneur d'être connus de Madame; ils me conjurèrent de les rappeler à son souvenir, et de l'assurer qu'ils étaient prêts à verser tout leur sang pour la cause de son fils.

Je me séparai avec regret de mes anciens compagnons d'armes, et me dirigeai vers la Bidassoa. J'étais attendu par les royalistes de la frontière qui avaient pris des mesures pour me la faire franchir en sûreté. J'arrivai donc sans accident à Bayonne, où l'on me reçut à bras ouverts. J'y restai un jour, étant porteur de dépêches de Madame pour un personnage de haut rang qui devait les transmettre à Bordeaux, en Guyenne et en Saintonge.

De Bayonne je me rendis à Pau. Là tout est plein du souvenir du Béarnais, et malheur à ceux qui oseraient parler avec irrévérence des enfans *del nostre Henric :* c'est ainsi que ce grand roi est désigné par les descendans de ses sujets. Sa mémoire est l'objet d'un culte religieux transmis de père en fils; on aime à se rappeler les exploits de ce roi révéré, les anecdotes les plus insignifiantes de sa vie, et jusqu'à ses paroles ; les pâtres chantent encore sur les montagnes voisines les airs nationaux de *Vive Henri IV* et de *Charmante Gabrielle;* enfin tout dans le Béarn respire le royalisme le plus pur joint à la plus fervente piété, car ces deux sentimens semblent se confondre.

Je parcourus le château de Jean d'Albret avec une douce émotion ; le bruit de mes pas en retentissant sous les voûtes me semblait l'écho de ceux de ces princes ; je croyais les entendre nous reprocher notre tiédeur pour leurs augustes descendans.

Je m'arrachai aux illusions que m'inspiraient ces lieux où l'écho était si éloquent, car j'étais empressé de poursuivre ma route; je savais que de nouvelles instructions m'attendaient à Toulouse, où je me rendis en passant par Tarbes et Auch, suivant ponctuellement l'itinéraire que Madame m'avait tracé. Je me trouvai entouré à Toulouse d'une foule de personnes dévouées à nos Bourbons : cette antique cité est le centre de la vaste association royaliste du Midi, et je pus me convaincre que sur cinquante-deux mille âmes qui forment sa population, il n'y en a pas quatre mille qui soient contraires à la bonne cause.

J'allai rendre visite à la mère, à la femme et à la belle-mère d'un des hommes les plus dévoués à ses rois. Je trouvai dans cette maison tout ce qui donne à la douleur un caractère sublime, de la fermeté et de la résignation opposées aux peines les plus cuisantes de l'âme. Souffrir pour Dieu et pour le roi semblait n'être qu'un même devoir, et mériter du ciel une même récompense. Je sortis de chez cette famille le cœur navré, et persuadé que M. de Montbel, son noble chef, devait être heureux au milieu de son infortune.

Dès que mon arrivée fut connue, je reçus la visite de plusieurs individus qui quittèrent leur campagne pour venir traiter avec moi des affaires qui m'amenaient parmi eux. J'eus une longue conférence avec l'agent particulier de Son Altesse Royale, investi de sa confiance qu'il mérite à tous égards, et je le reconnus digne, en causant avec lui, du rôle qu'on lui destine dans le gouvernement à établir.

Il me fit connaître la composition des divers

comités établis dans les provinces de Guyenne, de Languedoc et de Provence. J'y lus avec autant de plaisir que de surprise, les noms d'une multitude de bourgeois, tous bons royalistes. Un touchant accord, me dit l'agent de la princesse, existe entre les séculiers et le clergé, et l'on doit tout espérer d'une liaison si parfaite.

On me présenta les chefs des compagnies secrètes, les officiers supérieurs cantonnaux d'arrondissemens et de départemens. Je distinguai parmi eux MM. d'U..., de R... de V..., de B...', de M..., de N..., de D... d'A.., de C... et de L...; tous hommes de cœur éprouvés dans les cent jours, et déterminés à vaincre pour la cause de la France. Ayant demandé quels étaient les meneurs du juste milieu, on me désigna quelques individus de mince considération, des avocats d'une probité plus que douteuse, et des demi-négocians, dont le trafic n'était rien moins qu'honorable.

Je rencontrai chez la comtesse d'H..., femme remarquable par son esprit, M. H... de B..., ex-magistrat, dont les lumières égalent le mérite. Il refusa en 1830 la première présidence d'Agen, pour ne point sortir de sa ville natale. C'est un de nos fidèles ; mais il ne se mêle d'aucune intrigue, et met toute sa confiance en Dieu et dans l'avenir.

J'étais à Toulouse, lorsqu'arriva une aventure assez plaisante. Un avocat, qui avait fait son chemin depuis la révolution, sans avoir rien ajouté à ses talens plus que médiocres, avait une femme assez jolie, qui donnait tête baissée dans le mouvement. Non loin de la demeure des deux époux logeait M. de C..., royaliste renforcé, aux larges épaules, aux yeux à fleur de tête, galant, hardi, téméraire, et croyant œuvre pie tout rapt fait au parti oppresseur. On lui intente un procès, il faut un avocat, il prend le premier venu, c'était le révolutionnaire. M. de C... va chez lui, trouve sa femme à son gré, lui conte fleurette, lui tourne la tête, si bien qu'elle ne respire plus que pour les Bourbons. Cette métamorphose subite n'était pas encore soupçonnée, lorque M. de C... est dénoncé au comité-directeur comme appartenant à l'armée royale. On parle de l'arrêter ; on le fait épier ; on apprend qu'il se rend à certaines heures dans une maison bien connue, située près de la place naguère d'Angoulême, aujourd'hui place de Lafayette jusqu'à nouvel ordre.

Notre avocat, bien que M. de C... eût été son client, se flatte que, s'il est chargé de son arrestation, cet acte de civisme lui rapportera plus de profit que tout ce qu'il a déjà obtenu. Il se remue, intrigue, et obtient la préférence sur les autres amis du juste milieu. On lui procure tous les renseignemens nécessaires ; le voilà à la tête d'une portion renouvelée de la bande noire, et il s'achemine avec elle vers la rue du Rempart. Les dispositions sont prises, la maison suspecte est cernée, puis envahie ; on monte précipitamment au premier étage, l'avocat toujours en tête. On enfonce la porte de la chambre à coucher, où l'on croit trouver M. de C... ; mais il n'y est pas encore, et à sa place l'avocat stupéfait reconnaît... sa femme couchée nonchalamment sur un canapé, et dont la rougeur et la confusion, à l'aspect de son mari, semblent dire qu'elle s'attendait à une tout autre visite. Ce dénouement imprévu faillit faire mourir de rage le héros de la comédie. Vainement il demande le secret à sa cohorte ; chacun s'empressa de raconter à sa femme ou à sa maîtresse ce qu'on avait vu, ce qu'on avait deviné ; et M. de C... est encore à prendre.

CHAPITRE XXVIII.

—

Je ne donnai pas tout mon temps à la politique pendant mon séjour à Toulouse, et, grâce à la connaissance qu'on me fit faire de M. Alexandre Dumège, je pus étudier l'histoire des arts dans cette ville ; c'est un savant archéologue, ingénieur du premier ordre, littérateur distingué, qui m'entretint de ses longs voyages en Italie, en Grèce, en Palestine et en Egypte. Je passai avec lui quelques uns des instans les plus agréables de mon pélerinage politique, et je suis charmé de lui en marquer ici ma reconnaissance.

Je n'avais pas encore quitté Toulouse lorsque M. Viguerie, maire de la révolution, qui, aidé de MM. Gasc et Genie, s'était empressé de procéder au renversement des croix, s'avisa d'écrire à l'archevêque, M. d'Astros, pour lui demander des prières publiques pour faire cesser la sécheresse qui nuisait aux campagnes. Cet hommage rendu à la religion prouve combien elle est puissante dans cette ville où le libéralisme déiste est forcé de ployer un genou devant elle. C'est, en général, l'esprit de tout le Midi, que veulent en vain réprimer quelques fanatiques de mauvais principes, qui seront entraînés par le torrent national, lorsque, rompant ses digues, il débordera de toutes parts.

M. Gasc est déjà connu à Paris à cause des guidons de cavalerie, pour la garde nationale toulousaine, qu'il a si plaisamment fait payer au roi Louis-Philippe. On m'a conté une anecdote dans laquelle était mêlé un de ses cliens pour délit politique, qui avait, à ce qu'il paraît, payé malgé lui 1,500 fr., somme considérable à Toulouse, une défense ordonnée d'office par la cour. J'ai oublié les détails fort piquans cependant qui font ressortir le désintéressement de M. Gasc; mais comme il se les rappelle sans doute beaucoup mieux que moi, je lui laisse le soin de les faire connaître au public.

En quittant Toulouse, je me rendis à Montpellier où d'autres affaires m'attendaient. Il me sembla, en entrant dans cette ville, respirer une atmosphère toute royaliste ; car c'est encore un des foyers de la régénération monarchique. Le peuple de Montpellier, à l'exception de quelques jacobins effrénés, n'a qu'une même opinion, qu'il soutient avec toute la véhémence méridionale. Les personnes avec lesquelles je me mis en rapport me répétèrent ce qu'ailleurs on m'avait déjà dit, que tous ceux qui, dans cette ville, sont contraires au mouvement, sont recommandables par leur mérite et leur fortune.

Je me logeai près de la place de la Canourgue, et à peu de distance du bel hôtel de la Coquille. Ce fut là que je reçus MM. de B..., de M..., de S. V..., de N..., de R..., de M... et de P..., tous dévoués au triomphe de la cause. Le clergé est excellent, je fus touché de son patriotisme. Le vénérable évêque qui avait faibli un moment devant Baal sous l'empire est devenu un ange de piété et de vertus.

Je reçus une lettre du comte de M..., conçue en ces termes :

« Partout où Madame se présente, elle gagne
» les cœurs ; on ne peut la voir sans l'aimer, sa

»vue est un talisman contre lequel personne
» ne peut se défendre. Nous avons eu à Turin
» un vrai triomphe, le nouveau roi nous a reçus
» avec toute la grâce possible; il a assuré à notre
» régente qu'il lui est tout dévoué ainsi qu'au
» principe de la légitimité héréditaire auquel
» il doit sa couronne.

» Nous voyons ici la position de la France
» mieux qu'en France même. Le juste milieu a
» perdu le parti qui a voulu s'en faire un appui.
» Encore quelque temps et nous les verrons
» tous écrasés sous les ruines de l'édifice qu'ils
» élèvent avec tant de peine.

» L'ambassadeur du nouveau gouvernement
» près de la cour où nous sommes, a demandé
» par une note du style le plus piteux que Ma-
» dame fût renvoyée de Piémont. Voici la ré-
» ponse textuelle de Charles-Albert :

» — En ma qualité de roi et de chevalier, je
» ne manquerai point à ce que je dois à une
» princesse et à une femme malheureuse. On
» sait en Piémont secourir l'infortune et non la
» repousser.

» — Mais, Sire, le roi mon maître...

» — Monsieur, vous n'avez plus de maître

» depuis la révolution de juillet ; oubliez-vous
» que vous faites partie du peuple souverain?

» Ces paroles ironiques causèrent quelque
» confusion à l'ambassadeur, qui ne persista pas
» moins à soutenir sa thèse pour le renvoi de
» la princesse.

» — Monsieur, répliqua Sa Majesté Piémon-
» taise, je désire qu'on se dispense dorénavant
» de traiter ce sujet avec moi. MADAME duchesse
» de Berry parcourra à son gré tous mes états,
» elle recevra partout les égards qui lui sont
» dus, et ne connaîtra point du moins ici l'in-
» gratitude ; car je n'ai point oublié que je
» dois mon trône aux généreux secours de sa
» famille.

» Je vous donne ces détails comme fort
» exacts ; nous nous rendons à Nice où vous
» viendrez nous rejoindre après que vous aurez
» célébré en France les *trois glorieuses*. Madame
» me charge de vous le recommander, et je
» m'en acquitte avec un vrai plaisir ; j'ajouterai
» que vous devez démentir sur votre route le
» bruit d'une prétendue désunion dans la famille
» royale : jamais elle n'a été de meilleure intel-
» ligence. Il est à peu près convenu que si Mon-

» seigneur le duc de Bordeaux rentre en France,
» son aïeul et Monseigneur le Dauphin iront
» habiter Rome. Une seule difficulté s'oppose à
» ce projet, c'est la présence en cette ville de
» certains membres de la famille Bonaparte;
» on avise aux moyens de tout concilier. Vous
» trouverez le duc de Blacas en très bonne
» position; madame a décidé qu'il serait chargé
» de la politique étrangère. »

Je partis pour Nîmes peu de temps après avoir reçu cette lettre. Les monumens antiques de cette ville me causèrent une vive admiration, Rome seule en possède de plus beaux et de mieux conservés. Les habitans me parurent placés sur un volcan. Dans toutes les autres villes que j'avais parcourues, aucun ne s'était montré hostile d'individus à individus ; mais ici je n'entendais que des récriminations véhémentes, que des cris de vengeance. Je ne retrouvai pas non plus à Nîmes cette ligne de démarcation établie ailleurs entre le mérite et ceux qui ne s'attirent que le mépris. Il y a parmi les protestans libéraux plus de richesses et autant de vertu et de considération personnelle que parmi les nôtres, ce qui imprime une physionomie particulière à l'exaltation des esprits. J'ai dit à Madame que dans le cas où sa cause triompherait, il serait convenable d'avoir pris à l'avance des mesures énergiques et conservatrices qui s'opposassent à ce qu'une réaction aurait d'affreux.

MM. de B..., de F..., de N..., de T..., de D..., de C..., etc., etc., en un mot tous ceux que je vis, s'exprimèrent devant moi de manière à me convaincre qu'il était nécessaire de déployer de grandes forces dans ce pays. Je les conjurai de continuer à calmer les esprits, et de tâcher de faire des partisans à notre cause par la douceur et les bons procédés. C'était demander beaucoup à des caractères impétueux, à des hommes qui se font gloire du titre de mauvaises têtes.

Je recueillis des renseignemens utiles sur le nombre des serviteurs de la bonne cause qui pourraient entrer en campagne. Le Midi présentera plus de deux cent mille combattans, si un appel sérieux est fait à leur courage. L'humeur belliqueuse de ces contrées est remarquable, elle s'accroît chaque jour, et, à part quelques fonctionnaires, le juste milieu est un culte sans adorateurs.

J'avais à l'avance assigné un rendez-vous dans Marseille aux comités des villes d'Avignon, de Tarascon, d'Aix, etc., etc., représentés par deux de leurs membres; aucun n'y manqua. La Provence me parut encore plus exaspérée que le Languedoc, le sang y avait coulé davantage, dans plusieurs de ses cités; je ne veux point rappeler des faits gravés encore dans tous les esprits, ni aigrir les cœurs déjà si envenimés; mais je ne puis taire que je trouvai Marseille glorieuse de l'acte sacrilége de nos adversaires, qui avaient mis obstacle à la liberté des élections. C'était dire que nous étions en majorité là comme ailleurs.

Les Bourbons sont adorés à Marseille; Madame y est l'objet d'un enthousiasme qui va jusqu'au fanatisme. Je fus presque tenté un instant de prendre mon amour pour de la tiédeur; à tel point ces cœurs loyaux me surpassaient dans la vivacité de leurs démonstrations.

— Que notre roi vienne, me disaient-ils dans leur patois énergique, et *tron de Diou* nous en ferons voir de rudes à ses ennemis ; il n'est pas enfant de bonne mère, qui ne combatte pour lui de ses mains et de ses deniers !

Les femmes n'ont pas moins d'exaltation ; il n'y a d'opposition à la cause monarchique que parmi quelques restes de 1793, que leurs souvenirs importunent, et qui ont un juste effroi de l'avenir. La Provence n'est point une terre de froids calculs ; la politique ne s'y montre qu'avec des sympathies ; *la doctrine* ne parle point à l'âme, aussi chacun de nous la repousse, et bientôt elle sera bannie de tous les esprits.

J'étais à Marseille au milieu d'une réunion fidèle, lorsqu'un employé de la préfecture, homme du mouvement, qui ne ferme pas la main à l'or des royalistes, vint me prévenir qu'une dépêche télégraphique annonçait au préfet ma présence dans son chef-lieu, et lui donnait ordre de me faire arrêter.

L'ami chez lequel je logeais me fit sortir de la ville sans perdre de temps. Je fus conduit à Aubagne, où je restai caché deux jours dans un château, recevant des maîtres et des valets les soins les plus empressés. J'appartenais à Madame, et à ce titre on croyait me devoir amitié et protection. On me fournit, d'après ma demande, des guides pour me conduire à Nice, but de mon voyage, où je brûlais d'arriver pour rendre compte de ma mission à Son Altesse Royale.

— Soyez tranquille, monsieur, me dirent les braves cultivateurs qui cheminaient avec moi ; tous ceux qui servent la bonne cause sont en sûreté dans toute la Provence. Quant au petit nombre de coquins qu'on y rencontre, ils se garderaient bien de nous toucher un cheveu de la tête, car nous le leur rendrions au centuple. Nous pouvons frapper au hasard à la cabane ou au château : partout on nous ouvrira.

Ils disaient vrai ; notre route se fit sans malencontre ; les gendarmes que nous rencontrâmes se montrèrent polis, et l'on me dit qu'ils étaient presque tous des nôtres. J'appris à reconnaître ceux qui nous étaient dévoués à un signe qu'ils échangèrent souvent avec mes guides. Ceux-ci évitèrent d'entrer dans Toulon; nous ne prîmes pas la même précaution à l'égard de Fréjus, où je logeai, comme j'avais fait depuis mon départ de Marseille, chez *des amis*.

Nous entrâmes ensuite dans l'immense forêt de l'Esterelle, et en la quittant nous vîmes à nos pieds Cannes et le golfe Juan, qui me rappelèrent Napoléon; c'était là du moins un digne adversaire, et qui, en opposant à ses ennemis un front ceint de glorieux lauriers, avait fait oublier que la couronne usurpatrice pesait sur sa tête.

Je laissai Antibes sur la droite, et passai sans obstacle le pont du Var; j'avais un passeport sarde dont je me servis; de l'autre côté de cette rive tout péril disparaissait. Je menai mes guides jusqu'à Nice, ces braves gens m'ayant demandé pour unique récompense de voir Madame; ils paraissaient attacher un tel prix à cette faveur, que je m'empressai de la leur accorder.

A peine arrivé dans cette ville, je courus à la demeure de cette adorable princesse, qui daigna me présenter la main dès qu'elle m'aperçut. J'étais déjà à ses pieds, où ma joie se manifestait plus par des sanglots que par des paroles. Madame me dit avec un doux sourire :

— Ame faible qui ne sait pas soutenir le poids du malheur lorsqu'il touche à son terme! Allons, monsieur, reprenez votre énergie ; je sais combien je puis compter sur votre fidélité, et je vous remercie de ce que vous venez de faire pour mon fils.

Pendant que Son Altesse Royale ajoutait à ces propos quelques autres paroles bienveillantes, je recouvrai mon calme, et me disposai à répondre convenablement aux questions qu'elle daignait m'adresser. Les premières furent relatives à l'Espagne. Je dis à la princesse combien elle était aimée et attendue dans la Péninsule ; en un mot, je lui représentai son auguste famille ainsi que le royaume d'Espagne entièrement dévoués à sa cause, et impatient de la servir. J'ajoutai qu'il ne fallait point tarder à profiter de ces dispositions généreuses.

Madame m'écouta avec une profonde attention, et à mesure que je parlais une teinte de mélancolie se répandit sur ses traits. Lorsque j'eus achevé, la princesse me dit :

—Les choses ont changé de face depuis votre

départ d'Angleterre ; je n'ai point voulu vous en instruire, dans la crainte de refoidir votre zèle ; mais je suis forcée de vous dire aujourd'hui que de puissantes considérations me retiendront le reste de l'année en Italie. Je n'ai pu me refuser aux instances de l'empereur Nicolas, qui me supplie d'ajourner au printemps prochain toutes mes entreprises. Il existe un plan entre les souverains qui tend à la pacification générale de l'Europe. L'Autriche m'a fait adresser les mêmes représentations que la Russie ; l'Angleterre et la Prusse ont mis aussi leur poids dans la balance ; et force est à moi de céder ou de retarder mes projets jusqu'au mois de mars. C'est avec un vif regret que je laisse mes amis dans l'incertitude ; mais je ne puis tout faire à moi seule. Patientons donc jusqu'au moment désigné.

Je reçus cette confidence avec un chagrin qui égalait celui de Madame, et je ne lui cachai pas le mauvais effet que cette prolongation produirait parmi les royalistes du Midi. Je représentai à la princesse ces provinces prêtes à s'armer pour le maintien des droits imprescriptibles de la nation, que la révolution de 1830 n'avait pas complétés, et que depuis on tâchait de restreindre le plus possible. Je remis à Son Altesse Royale, dans un écrit tracé de ma main, les renseignemens qui pouvaient lui être nécessaires. Après les avoir examinés avec soin, Madame daigna me complimenter sur leur clarté, puis se retournant vers moi avec vivacité, elle me dit :

— Pourquoi, en effet, retarderions-nous une entreprise qui offre de tels élémens de succès, par la crainte seule de déplaire à des puissances dont nous refusons la coopération active ?

— Je crois, Madame, répondis-je, que Votre Altesse Royale peut tout oser sans autre secours qu'une volonté ferme à vaincre tous les obstacles, et une confiance entière dans la bravoure et la fidélité de ses nombreux serviteurs.

La princesse se leva tout-à-coup comme décidée à prendre une grande résolution, puis, s'arrêtant et parlant à voix basse, elle dit :

— On ne me rendra pas mon fils !...

Je tressaillis, j'allais parler, mais Madame poussa un soupir déchirant et je me tus...

Bientôt après je demandai à Son Altesse

Royale la permission de lui présenter mes guides.

— Qui sont-ils? répliqua la princesse.

— De dignes Français, Madame, bons Provençaux, simples cultivateurs. Ils attendent non loin d'ici la faveur insigne de paraître devant Votre Altesse Royale.

Madame m'autorisa à les appeler; ils vinrent ivres de joie, tremblant de respect; ils se prosternèrent aux genoux de la princesse quoi qu'elle pût faire pour s'y opposer. Je peindrais mal la manière franche, simple et éloquente dans sa simplicité dont ils exprimèrent leur amour à l'auguste princesse ; il y avait dans ces figures animées tant de sincérité, d'affection et de dévouement!!! Madame leur dit enfin :

— Mes amis, je suis touchée des marques d'attachement que vous me donnez. J'en suis fière, car je les mérite. J'ai pour la France et pour mon fils une tendresse égale; je suis votre mère comme celle d'Henri V, et je ne puis mieux vous prouver ma reconnaissance que par l'extrême désir que j'ai de faire votre bonheur si la providence ramène la légitimité au port après tant d'orages. Nous tiendrons nos promesses en pardonnant à nos ennemis, nous espérons que chacun imitera cet exemple, que les grands comme les petits oublieront le passé, et qu'aucune vengeance ne viendra troubler un si touchant accord! Chaque province reprendra ses priviléges, les droits du peuple seront appuyés sur une constitution sage, ennemie du despotisme et de l'injustice, dites-le bien à mes fidèles serviteurs; qu'ils sachent surtout que nous attendons tout d'eux et rien des étrangers et que pour rester roi de France il ne faut devoir la couronne qu'à des Français.

Pourrais-je mieux terminer ce livre que par ces augustes paroles? Puissent-elles être entendues de ceux qui nourrissent encore d'injustes préventions contre l'enfant de la France et sa mère!

J'ai profité de mon séjour à Nice pour rédiger ces souvenirs; je vous les envoie, mon cher ami, faites-en ce que vous voudrez. Mon seul but en les écrivant a été de montrer véritablement ce que sont l'Éxilée d'Holy-Rood et son fils.

FIN.

TABLE

DES CHAPITRES.

	PAGES.
CHAPITRE I.	1
CHAPITRE II.	23
CHAPITRE III.	37
CHAPITRE IV.	52
CHAPITRE V.	67
CHAPITRE VI.	84
CHAPITRE VII.	98
CHAPITRE VIII.	113
CHAPITRE IX.	125
CHAPITRE X.	131
CHAPITRE XI.	149
CHAPITRE XII.	155
CHAPITRE XIII.	166
CHAPITRE XIV.	180

TABLE DES CHAPITRES.

PAGES.

CHAPITRE XV. 191
CHAPITRE XVI. 197
CHAPITRE XVII. 205
CHAPITRE XVIII. 213
CHAPITRE XIX. 230
CHAPITRE XX. 243
CHAPITRE XXI. 253
CHAPITRE XXII. 268
CHAPITRE XXIII. 283
CHAPITRE XXIV. 303
CHAPITRE XXV. 314
CHAPITRE XXVI. 327
CHAPITRE XXVII. 344
CHAPITRE XXVIII. 353

FIN DE LA TABLE DES CHAPITRES.

www.ingramcontent.com/pod-product-compliance
Lightning Source LLC
Chambersburg PA
CBHW070436170426
43201CB00010B/1115